A HISTÓRIA DO BRASIL EXPLICADA AOS MEUS FILHOS

ISABEL LUSTOSA

A História do Brasil

explicada aos meus filhos

AGIR

PROJETO GRÁFICO E CAPA
Mariana Newlands

ASSISTENTE DE DESIGN
Amanda Newlands

FOTO DE CAPA
© Arquivo Iconográfico, S.A./CORBIS
Litografia — depois da aclamação do rei D. Pedro I
na zona rural de Santa Ana, de Jean Baptiste Debret, século XIX

REVISÃO
Rebeca Bolite

PRODUÇÃO EDITORIAL
Cristiane Marinho

CIP-Brasil. Catalogação-na-fonte. Sindicato Nacional dos Editores de Livros, RJ.

L99h Lustosa, Isabel
A História do Brasil explicada aos meus filhos / Isabel Lustosa.
— Rio de Janeiro: Agir, 2007.
(Explicada aos meus filhos)

ISBN 978-85-22-00760-8

1. Brasil — História — Literatura juvenil. I. Título. II. Série.

CDD: 981
07-2567 CDU: 94(81)

07 08 09 10 11 8 7 6 5 4 3 2 1

AGIR

AGIR EDITORA LTDA. — Uma empresa Ediouro Publicações S.A.
Rua Nova Jerusalém, 345 — CEP 21042-235 — Bonsucesso — Rio de Janeiro — RJ
Tel.: (21) 3882-8200 fax: (21) 3882-8212/8313

Para Chico Bento e Mário Bag,
meus dois amores.

Sumário

Meu filho,

Pediram-me que contasse a você a História do Brasil.

Creio que a melhor maneira de fazê-lo é falando sobre nós mesmos. Digo isso porque acredito que a História do Brasil se confunde com a nossa História e conhecê-la nos ajuda a nos conhecermos melhor. Somos produto de uma série de circunstâncias, marchamos com a História e dela somos sujeito e objeto. Pois tanto a transformamos como somos transformados por ela. Somos criados de acordo com o nosso tempo e o nosso lugar e saber como chegamos a eles nos ajuda a entender um pouco mais quem somos nós. Muitas de nossas características pessoais se relacionam com a História de nosso país: a cor da nossa pele, a religião de nossos avós, o lugar onde nascemos, etc. Assim, a História do Brasil está no nosso sangue e na nossa mentalidade, nos envolve e nos explica, mas também nos confunde.

Por isso me agradou o convite para escrever este livrinho. Representou para mim um desafio: o de contar a História do Brasil me valendo do que vivi e aprendi ao longo da vida. Naturalmente que o relato será mais minucioso e profundo nas partes que, por causa de minhas atividades de pesquisa, estudei mais. No entanto, creio que, de alguma forma, acabei formando uma visão e um pensamento sobre toda a História do Brasil, que veio se desenvolvendo desde a infância, a partir de várias leituras e de outras fontes de conhecimento. É bom poder organizar essas idéias e partilhá-la com você e com as pessoas de sua geração.

Na minha família houve sempre um sentimento de amor ao Brasil estimulado pelos meus pais, tão nacionalistas. Mas, o meu interesse pela História veio bem depois. Na verdade, passei a adolescência em Fortaleza lendo romances brasileiros e europeus, principalmente a grande literatura do século XIX e começo do XX. Leituras que, aliás, me seriam depois de grande valia no exercício de minhas atividades como historiadora. Para contar uma História é preciso saber narrar, e creio que o contato com os textos de tantos bons escritores me ajudou a aprimorar o estilo. Na graduação, optei pelas ciências sociais e elas me deram as ferramentas para entender o mundo e qual era o meu lugar nele. Foi bem mais tarde, quando trabalhava em órgãos de pesquisa do Ministério da Cultura, que essas duas afinidades eletivas se cruzaram na possibilidade de ler e escrever sobre a História do Brasil. Depois disso, não parei mais e creio que hoje mais do que nunca a História faz parte de minha vida, preenche todos os meus momentos, conforme minha identidade e meu lugar no mundo. É um ofício de tempo integral.

MANEIRAS DE APRENDER HISTÓRIA

Sempre que converso com alguém gosto de saber quais foram os seus antepassados. Vou conversando naturalmente, perguntando sobre diversos assuntos e, daqui a pouco, estou sabendo onde a pessoa nasceu, qual era a profissão de seu pai, de onde vieram seus avós e assim por diante. É uma mania que já virou folclore no meu trabalho. Quando começo a conversar com alguém os colegas falam logo: "lá vai a Isabel fazer o seu interrogatório". Não me importo, porque aprendo muito com essas conversas. Saber da vida das pessoas, das mais nobres às mais humildes é aprender história. Não é à toa que a história oral é hoje um campo reputadíssimo na área.

Gosto também de ler papéis e revistas velhos. Ver e analisar um documento percebendo as sutilezas que se revelam nos seus amassados, em algo que foi riscado ou sublinhado; achar em uma pasta um documento do final do período colonial assinado pelo conde das Galveias; ter nas mãos uma cartinha escrita por D. Pedro I; ler um jornal do tempo de D. Pedro II; olhar as caricaturas dos presidentes da República Velha; ver as fotos do laudo de Getúlio, etc., são fontes de prazer e alegria para o historiador.

Uma pessoa também é um documento. Tanto pelo que tem para nos contar quanto pelo que nos revelam a sua aparência, os seus traços fisionômicos, o modo de falar. Você, por exemplo, uma vez, quando era pequeno, me perguntou: "Mãe, por que eu não sou louro? Eu queria ser louro." Morri de rir. É que eu, quando era pequena, também queria ser loura. Na verdade, o meu maior desejo no primeiro ano da escola primária era ser igual a uma menina que estampava a caixa de sabonetes que eu usava como porta-lápis. Era uma menina linda, de olhos azuis e cabelos louros e cacheados. Eu passava horas olhando para ela e sonhando que aconteceria comigo uma mágica, um milagre e eu me transformaria nela. Meus cabelos deixariam de ser pretos, lisos e escorridos, meu nariz seria pequeno e arrebitado, minha pele e meus olhos se tornariam claros e eu viveria numa atmosfera encantada, alegre e luminosa, como aquela que cercava a menina da caixa de sabonetes.

No meu tempo todo mundo queria ser louro. Era o ideal de beleza. Ter olhos claros, então... Que sonho! E por que isso se eram tão poucos os louros à nossa volta? É que os tipos louros estavam nas propagandas de revista e nos seriados americanos que passavam de tarde na televisão. Mas não moravam na nossa rua e não estudavam no nosso colégio. Ali havia um ou outro claro, até mesmo louro, mas eram muito poucos. A maior parte era moreninha como nós. Mas, como éramos bombardeados por tantas imagens de louros felizes, achávamos que o bonito era ser branco, louro e viver em um lugar em que caía neve.

Talvez este livro lhe ajude a entender um pouco tudo isso. Entender por que você é assim moreninho, por que fala português e não inglês; por que na casa de sua avó se reza o terço e por que as comidas que se comem no Ceará — como o baião-de-dois — não se comem no Sul do país. Por que se bebe tanta cachaça no Brasil; por que o povo gosta de samba e de carnaval; e também de futebol; por que somos um país tão grande; por que somos pobres e os Estados Unidos são ricos? Enfim, uma lista de questões tão vasta que nunca acabaríamos de enumerar e que tem a ver com o que eu disse no começo: somos formados na nossa cultura, nossos hábitos são produtos dela e por meio dela nos diferenciamos dos outros. A cultura de um povo é produto de sua história.

Capítulo 1

O Brasil colonial

O Descobrimento

Se você fosse bem pequeno talvez eu lhe cantasse um *jingle* com a propaganda da Varig que dizia: *seu Cabral vem navegando, quando alguém lá foi gritando, terra à vista. Foi descoberto o Brasil e a turma gritava bem-vindo, seu Cabral.* Bem feliz eu seria se pudesse contar a História de nosso país apenas como essa festa tropicalista onde a turma confraterniza com o bem chegado colonizador. Mas a História do Brasil é mais profunda, mais complexa e delicada. Nem sempre o clima foi de confraternização. Tivemos nossas guerras e nossos mortos. Desde o tempo do Descobrimento, quando quem vinha da Europa buscava ouro e riquezas e os que aqui já estavam não as tinham para lhes dar.

A História do Brasil começa antes e bem longe do Brasil: lá na Europa, onde vivia um povo de navegadores e comerciantes que corria os mares na fase mais gloriosa de sua história. Eram os portugueses, uma gente que fora muito marcada pela influência dos árabes. Pois os árabes ou mouros — como então se dizia — invadiram a Europa no século VI e ficaram outros três séculos na Península Ibérica: aquela região do continente formada por Espanha e Portugal. Os árabes deixaram uma marca profunda tanto no aspecto físico do povo português quanto na sua cultura.

Muitas palavras portuguesas — principalmente as começadas em *Al* — têm origem árabe. Entretanto, a herança mais importante que os árabes deixaram foi a formada pelos grandes conhecimentos que já tinham sobre navegação e os instrumentos que inventaram e desenvolveram para auxiliá-la. Influenciado ainda pela tradição comercial dos árabes, Portugal tornou-se um país de comerciantes que, motivado pela conquista das preciosas mercadorias que havia no Oriente — perfumes, especiarias e tecidos — achara um caminho para lá, contornando a África. Com isto, teve início a era de ouro do pequeno reino de Portugal, que enriqueceria com o comércio daqueles produtos para os outros povos europeus. Cabral era um desses navegadores portugueses que os comerciantes contratavam para ir ao Oriente — região do planeta que os europeus daquele tempo denominavam genericamente de Índias — buscar as tão cobiçadas mercadorias. Em 1500, ele partiu de Lisboa para as Índias comandando uma frota de caravelas — barcos que dependiam do vento para se mover quando, em um trecho do caminho, a direção do vento mudou, seus navios se afastaram do destino e vieram parar no Brasil.

Foi assim que aprendi na escola, mas depois disto surgiram muitas versões: a de que o Brasil fora descoberto muito antes; a de que outras naus já teriam aportado por aqui e ainda a de que a chegada de Cabral não foi tão acidental assim. Não vou me ocupar dessas versões aqui porque existem muitos bons trabalhos para o caso de você querer saber mais. O importante é que você entenda que essa descoberta do Brasil se deu em um momento em que Portugal, um pequeno país da Europa, experimentava uma fase de progresso graças aos seus navegadores, e que descobrir o Brasil foi uma etapa desse processo. Outra coisa que posso lhe garantir é que a turma que aqui estava e viu chegar as caravelas de Cabral não gritou: "bem-vindo, seu Cabral!" Os habitantes do Brasil não falavam o português.

Não imagine você que os portugueses encontraram aqui tudo já dividido e organizado. O Brasil era apenas uma imensa quantidade de terra pouco ocupada. Seus habitantes — que os portugueses chamaram de índios por causa das Índias, lugar onde pretendiam chegar — tinham costumes bem mais simples do que os dos europeus: quase não usavam roupas e viviam principalmente da caça e da pesca. Segundo Pero Vaz de Caminha, um dos homens que vieram com Cabral, eles pareciam felizes e inocentes na sua nudez. Não foram hostis, mas demonstraram grande curiosidade sobre aquela estranha gente que aqui desembarcara.

Com os portugueses, vinham alguns padres que logo improvisaram um altar e rezaram a primeira missa. Naquele tempo, a religião e a Igreja Católica tinham uma importância muito maior do que têm hoje, e as diferenças religiosas eram a grande causa das guerras. Os portugueses eram muito católicos e cuidaram logo de tornar o Brasil uma terra católica, dando ao novo país o nome de Terra de Santa Cruz.

Pouco tempo depois, Cabral partiu e nunca mais voltou. Seguiu viagem para as Índias e deixou aqui uns degredados. É, degredados, como a gente reza na Salve-Rainha: *os degredados filhos de Eva*. Na verdade, o degredo, ou exílio ou banimento, era um tipo de pena a que eram condenados alguns criminosos ou, naquele tempo de grande perseguição religiosa, mouros e judeus que se recusassem a serem batizados. Ser obrigado a viver longe de seu país em uma terra estranha era terrível, mas poderia ser bem pior se essa terra fosse um lugar como era o Brasil. Ainda mais se você pensar que aqui não havia casas nem as comidas que se comiam lá. E nem todos os índios eram tão bonzinhos como os descritos por Pero Vaz. Havia mesmo algumas tribos que tinham o deselegante hábito de comer carne humana. Matavam seus prisioneiros e os comiam. É bem provável que muitos desses degredados tenham virado comida de índio. Mas, alguns se uniram às tribos mais pacíficas, constituíram família e foram os primeiros colonos do Brasil.

Capitanias hereditárias e açúcar

Descobrir não é conquistar. A terra descoberta precisava ser ocupada. Era preciso descobrir também que riquezas ela continha. À primeira vista o que pareceu mais lucrativo foi uma árvore chamada pau-brasil que se prestava muito bem para a produção de tinta para colorir tecido. Foi essa a primeira riqueza que os portugueses levaram daqui. No entanto, para quem esperava encontrar ouro e pedras preciosas brotando à flor da terra, madeira era muito pouco. As viagens para as Índias continuavam a ser mais lucrativas. Elas resultavam em coisas sofisticadas como sedas, tapeçarias, objetos trabalhados, e também as tão apreciadas especiarias: cravo, canela, pimenta, etc., coisas que não havia na Europa e que depois que começaram a ser consumidas no mundo ocidental viraram itens indispensáveis à boa mesa.

Apesar de o Brasil não ser o que os portugueses procuravam, valia alguma coisa e, portanto, era preciso pensar em alguma maneira de proteger seu imenso território da cobiça de outros países. Foi assim que o rei de Portugal resolveu adotar um sistema para garantir a ocupação: chamado de capitanias hereditárias. Já que o pequeno Portugal não tinha recursos para ocupar a terra, dividiu-a em partes e cedeu cada uma ou mais dessas partes a alguns comerciantes portugueses ricos — chamados de donatários — que deveriam investir no desenvolvimento das capitanias. Era um negócio que dependeria exclusivamente dos recursos e do empenho de cada donatário. Alguns vieram para cá desenvolver plantações de cana e produzir a nova riqueza que animava o comércio mundial: o açúcar. Outros deixaram as terras ao deus-dará e, por isso, apenas duas capitanias se desenvolveram razoavelmente: Pernambuco e São Vicente, que depois daria origem ao Estado de São Paulo.

Plantar cana, construir engenhos e produzir açúcar foi o primeiro esforço de progresso implementado no Brasil depois do Descobrimento. Como mão-de-obra os colonizadores tentaram se valer do trabalho dos índios, escravizando-os. Mas os nativos não estavam acostumados nem gostaram do trabalho agrícola, ainda por cima naquelas condições. Rebelavam-se e, como conheciam melhor a terra do que o português, escapavam facilmente.

Portugal já tinha experiência com o uso da mão-de-obra de africanos escravizados na lavoura de outras de suas colônias e resolveu trazê-los para Pernambuco e Bahia. O sucesso dessas duas capitanias inspirou outros donatários e, depois, tanto em São Vicente quanto no Rio de Janeiro, os engenhos começaram a se espalhar e se desenvolver. No Rio de Janeiro, aliás, existem bairros que até hoje guardam nos nomes a lembrança desse tempo: Engenho de Dentro, Engenho Novo, Engenho da Rainha e Realengo que é a abreviatura de Real Engenho.

Franceses no Rio de Janeiro

Muitas tentativas fizeram as outras nações ricas da Europa para abocanhar parte daquelas novas terras descobertas que receberam o nome de América. As grandes nações agiam como piratas, tentando tomar dos descobridores o que o papa lhes tinha garantido. Para você ter uma idéia do poder da Igreja Católica naquele tempo, era o papa quem decidia as disputas entre nações. A religião servia de manto para encobrir os interesses econômicos e políticos em um mundo que fora estremecido pelo surgimento do protestantismo. Da Alemanha, a religião de Martinho Lutero se espalhara pelo resto da Europa. O poder do papa também tinha sido abalado pelo rompimento da Inglaterra de Henrique VIII com a Igreja Católica e a criação da Igreja Anglicana. Portugal e Espanha eram totalmente fiéis ao papa e, por isso, a tendência era que levassem a melhor nos tratados. Sob essa proteção e baseado no fato que as viagens de Colombo e Cabral foram patrocinadas, a do primeiro pela Espanha e a do segundo por Portugal, dividiram o novo continente entre eles. Franceses, ingleses e holandeses não concordavam com essa divisão do mundo e tentaram revertê-la pela força.

As ameaças de invasão estrangeira e o fracasso do sistema das capitanias fizeram com que a Coroa Portuguesa criasse um

Governo-Geral para coordenar a Colonização, cuja sede ficaria na Bahia.

Foi nesse tempo que os franceses, comandados por Villegagnon, invadiram o Rio de Janeiro. O rei de Portugal enviou Estácio de Sá, sobrinho do então governador-geral, Mem de Sá, para combatê-los. A luta durou dois anos, de 1565 a 1567, quando Estácio morreu atingido no rosto por uma flechada. Estácio é considerado o fundador do Rio de Janeiro por ter criado a primeira ocupação formal do território na base do Pão de Açúcar. Depois de sua morte, a luta contra os franceses ainda se prolongou, mas estava garantida a posse para os portugueses que, aos poucos, foram estabelecendo na região os lucrativos engenhos de açúcar. Outro parente de Estácio, Salvador de Sá, transferiu aquele primeiro núcleo da cidade do Rio de Janeiro para o morro do Castelo, mais protegido e, foi dali que a cidade se desenvolveu.

Os jesuítas

Foram os padres jesuítas estabelecidos em São Paulo que ajudaram Estácio de Sá na sua luta contra os franceses. Estes contavam com o apoio inestimável dos índios tamoios. Os padres Manoel da Nóbrega e José de Anchieta tinham muita experiência em lidar com índios, em catequizá-los, pacificá-los.

A Igreja marcou presença desde o começo da colonização com o trabalho dos jesuítas. Seu objetivo era catequizar os gentios, fazendo deles bons cristãos. Para isso os padres se deslocaram pelo interior do Brasil, criando igrejas e missões nos lugares mais distantes.

Foram os primeiros a chegar ao interior da Amazônia e à divisa do Brasil com as colônias espanholas, antes mesmo dos bandeirantes, contribuindo com isso para a configuração do nosso mapa.

Mais do que qualquer outro elemento da colonização, os jesuítas foram os responsáveis pela aculturação e educação dos índios. Eles trabalharam no sentido de incluir os nativos do Brasil na civilização ocidental, ensinando-lhes orações e ritos religiosos, a ler e escrever, a ter o hábito do trabalho regular, a usar roupas e a executar vários ofícios manuais. Era a cultura ocidental que chegava com os sentimentos da culpa e do pecado pela morte e paixão de Cristo, mas era também a única proteção com que contavam os nativos contra a ambição do colonizador. As missões jesuíticas constituíram-se em verdadeiras aldeias onde os índios se sentiam protegidos da sanha predadora do colonizador. Assim mesmo, muitas delas foram destruídas pelos bandeirantes paulistas que percorriam o interior do país caçando índios para escravizá-los.

Holandeses em Pernambuco

Você certamente já ouviu alguém falar que teria sido melhor se a gente tivesse sido colonizado pelos holandeses. São aquelas pessoas que atribuem os problemas do Brasil ao fato de termos sido colonizados por Portugal e não por nações mais empreendedoras. Nada garante que o Brasil teria sido melhor se falássemos holandês em vez de português. Basta que a gente lembre o que aconteceu com os nativos da África do Sul para imaginar como o Brasil seria se a colonização holandesa tivesse prosperado. Lá, até pouco tempo, o sistema legal que vigorava era o do *apartheid*, que dividia a população entre negros e brancos. Estes, que eram menos de 30% da população tinham direito a tudo e a quase 90% das terras. Já os negros, ou não-brancos, não tinham direitos de cidadãos, não podiam votar e viviam isolados em bairros miseráveis, não podendo trabalhar ou mesmo andar nos bairros dos brancos. Claro que isto foi parte de um longo processo que culminou no *apartheid* e que a gente deve lembrar como algo que, felizmente não aconteceu no nosso país.

Mas, de fato, os holandeses bem que tentaram conquistar o Brasil.

Foi quando o Brasil virou colônia da Espanha. Pois é, podíamos também falar espanhol em vez de português. O Brasil foi espanhol de 1580 a 1640, enquanto o rei da Espanha foi também rei de Portugal. Os membros das famílias reais só casavam entre si, sendo todos os reis parentes próximos uns dos outros. O rei de Portugal, D. Sebastião, assumiu o trono muito moço. Era no tempo das intermináveis guerras contra os árabes e o jovem rei resolveu comandar ele mesmo uma das expedições. Na batalha de Alcacer Quibir, no Marrocos, em 1578, ele desapareceu e nunca mais foi visto. Teria morrido? Teria ficado prisioneiro dos árabes? Teria escapado, perdido a memória e vagava pelo mundo? Foram questões que atormentaram os portugueses durante muitos anos e acabaram se convertendo em uma espécie de religião: o sebastianismo, baseado na crença de que el rei D. Sebastião ainda voltará para salvar Portugal.

Independente dos sebastianistas, o fato é que o trono estava vago, o rei não deixara herdeiros diretos e o parente com direito à sucessão mais próximo era o rei da Espanha. Este logo fez valer seus direitos apesar dos protestos dos nobres portugueses e, com isto, o Brasil passou a fazer parte do elenco de colônias espanholas. Essas, no entanto, eram mais lucrativas, pois eram ricas em prata, o metal então mais valorizado, enquanto no Brasil ninguém ainda achara nada. A defesa das colônias americanas já dava muito trabalho à Espanha. O Brasil ficou um pouco largado nesse tempo. Oportunidade que os que aqui estavam aproveitaram para avançar na conquista dos sertões fazendo expandir também as fronteiras traçadas pelo Tratado das Tordesilhas, um daqueles tantos que dividiram o Novo Mundo entre portugueses e espanhóis.

Pernambuco era a capitania mais desenvolvida do Brasil colonial, pois lá ficavam os mais ricos engenhos de açúcar, e seu porto era muito movimentado. Os holandeses, que sempre sonharam em ter uma colônia nas Américas, aproveitaram o momento e invadiram Recife. Vieram para ficar e, de fato, permaneceram por longos anos. Tempo suficiente para mudar a cara da cidade e deixar ali uma marca definitiva. Eles fizeram muitas coisas em Recife: reformaram a cidade, construíram pontes e edifícios. Seus cartógrafos desenharam mapas da região e seus artistas deixaram obras que são documentos fundamentais para conhecer o Brasil daquele período. A marca dessa presença está até hoje impressa na História brasileira e a expulsão dos holandeses, em 1645, originou aquele orgulho que os pernambucanos têm de sua História. Pois aquela foi a primeira reação de brasileiros contra a presença estrangeira em seu solo. É engraçado falar assim, porque, na verdade, não havia brasileiros ainda. Havia talvez pernambucanos, baianos, paulistas. Pois, considerando as enormes distâncias entre as regiões do país, essa era uma idéia espacial mais fácil de se imaginar do que a de um continente vasto como o do Brasil.

A propósito: dizem que são descendentes de holandeses aqueles caboclos lourinhos que a gente encontra às vezes no sertão do Nordeste.

Os bandeirantes e a violência

Mais complicado para mim é explicar os benefícios da ação dos bandeirantes. Pois é justo que você me pergunte como é que pode ser benéfica a ação de homens que percorriam os sertões caçando índios para aprisioná-los e escravizá-los, usando de violência e, muitas vezes, de crueldade. Os índios, como é natural, não queriam ir e eram trazidos à força. Os mais resistentes acabavam mortos e alguns bandeirantes gostavam de usar orelhas de índio como adorno de seus cinturões, talvez para meter medo nos demais. No entanto, essas entradas e bandeiras — as primeiras eram patrocinadas pela Coroa Portuguesa e as segundas por particulares — em busca dos chamados *negros da terra*, o *ouro vermelho* dos paulistas foram tão ou mais importantes que os padres jesuítas para que o mapa do Brasil se expandisse em todas as direções. Os bandeirantes foram fundamentais, por exemplo, para a existência e o progresso de São Paulo.

São Paulo deve aos bandeirantes o que é, daí que sua História se liga a eles de forma visceral. A cidade foi criada em 1554 pelos jesuítas, tradicionais defensores dos índios, mas acabou se tornando o centro das expedições bandeirantes. Expulsos os jesuítas em 1640, São Paulo converteu-se em uma espécie de república que tinha vida e instituições próprias, não se submetendo ao rei de Portugal, apesar de pagar religiosamente os impostos. Seus habitantes, em sua maior parte mamelucos descendentes do cruzamento de portugueses e índios, viviam isolados pela Serra do Mar, em local de difícil acesso — daí serem também chamados de "homens de serra acima" — de onde partiam em expedições de caça ao índio. Escravizados, os índios eram obrigados a trabalhar na lavoura e nas nunca abandonadas expedições de busca pelo ouro. Segundo relato de alguns poucos viajantes, os paulistas só permitiam a entrada de estranhos em sua comunidade depois de duras provas.

Ouro!

De tanto procurar, os bandeirantes de São Paulo, enfim, acharam ouro na última década do século XVII. O ouro tão cobiçado e finalmente encontrado mudaria a cara do Brasil: abriria novos caminhos sertão adentro; propiciaria a ocupação do interior e faria progredir uma nova e rica região, a região das Minas Gerais. Aos poucos, a corrida do ouro fez com que, em torno das minas, fossem surgindo novas cidades, vilas ricas, nas quais uma elite administrativa veio se estabelecer com suas famílias. Também foi preciso que a Coroa Portuguesa criasse ali um sistema de administração e controle para organizar a vida urbana e fiscalizar a arrecadação dos impostos. As estradas por onde escoava o ouro melhoraram e houve necessidade de aparelhar o porto mais próximo. O do Rio de Janeiro mostrou-se mais viável que o de Santos. Este, além de raso, tinha a desvantagem de pertencer aos paulistas, tão resistentes ao controle do rei. Logo, o fluxo da riqueza que começara a sair dali para Portugal desbancaria o açúcar e provocaria a transferência da capital do Brasil, de Salvador, na Bahia, para o Rio de Janeiro.

Com o progresso veio a Ilustração. Uma elite culta que se formara em Coimbra foi tornando as cidades mineiras cada vez mais urbanizadas, bonitas e animadas. Ergueram-se igrejas adornadas por artistas locais de grande talento. Destes, o mais célebre foi Aleijadinho, cujas obras ainda se podem ver nas igrejas de Minas. Poetas e escritores como Tomás Antônio Gonzaga, Cláudio Manuel da Costa e Inácio de Alvarenga Peixoto promoveram as primeiras manifestações de uma poesia brasileira.

A vida na colônia ia se desenvolvendo apesar do colonizador. Pois este, com a descoberta do ouro e, por volta de 1720, dos diamantes, aumentou a vigilância. Leis mais rigorosas foram baixadas para impedir a impressão, qualquer tipo de indústria e que estrangeiros entrassem no Brasil. Não se permitia a entrada de navios de outros países e mesmo os cientistas eram presos e devolvidos à Europa se fossem aqui encontrados. A imprensa era proibida por temor de que as idéias modernas de liberdade que circulavam pelo mundo pudessem ser difundidas por aqui; a indústria era proibida para impedir que o Brasil se desenvolvesse e acabasse por se tornar autônomo; o comércio com outros países era proibido tanto para impedir a entrada de estrangeiros quanto para garantir que tudo que se consumisse no Brasil viesse de Portugal e que tudo que se produzisse no Brasil só chegasse a qualquer outro lugar do mundo passando por Portugal, com os devidos impostos retidos lá.

Mas foi o esgotamento das minas de ouro que provocou a crise.

A ineficiente economia portuguesa se sustentava sobre as arrecadações das minas. Era um sistema de gastos sem reposição, pois Portugal não tinha indústrias, se contentando em vender vinho e azeite para a Inglaterra e comprar tudo o que os ingleses produziam. O progresso da Inglaterra era resultado de sua agressiva estratégia comercial e dos avanços de suas manufaturas. Certamente muito do ouro do Brasil foi parar nos cofres ingleses. Quando as minas começaram a escassear, o governo português não viu alternativa senão pressionar o Brasil para lhe entregar o máximo do que produzia. Essa política onerava justamente a classe rica e esclarecida da colônia, da qual faziam parte àqueles poetas inspirados e algumas outras pessoas cultas estabelecidas em Minas Gerais.

A situação de Portugal fora ainda mais agravada pelo terremoto de 1755, quando a cidade de Lisboa foi quase totalmente destruída. O rei era D. José I, mas quem mandava mesmo era seu ministro, o Marquês de Pombal. Um homem de uma força e uma determinação tremendas que reconstruiu Lisboa. Sem maiores ligações com a Igreja, Pombal aproveitou uma conspiração contra o rei para incriminar os jesuítas e expulsá-los de todas as partes do Império português, inclusive do Brasil. Nesta medida muito havia de interesse nas enormes riquezas acumuladas pelos padres e que reverteriam para a Coroa. Mas era também uma visão de progresso, pois aos jesuítas estava ligada a mentalidade da Inquisição que barrara a entrada dos modernos e úteis conhecimentos científicos na Universidade de Coimbra, a mais importante do mundo português.

Fim do período colonial

O impulso dado por Pombal não foi suficiente para recuperar o país de tantos anos de má administração. Com a morte do rei e a subida ao trono de sua filha, D. Maria I, o obscurantismo voltou a predominar na Corte Portuguesa. A política para o Brasil foi a do arrocho. Os brasileiros de Vila Rica começaram a alimentar o projeto de criar aqui uma república inspirada na que resultara da bem-sucedida independência da América do Norte. Eram apenas conversas, sonhos, ideais sem muita base real. Coisas que não passaram de algumas reuniões na casa de um ou outro, mas que, quando vazaram, levaram a um longo e penoso processo criminal. Os envolvidos foram presos e condenados. Alguns ao degredo, outros à prisão e perda dos bens, mas apenas Tiradentes, o mais modesto, foi condenado a morrer na forca, ter o corpo dilacerado e seus pedaços fincados em postes no caminho entre o Rio de Janeiro e Minas. Essa morte tão cruel devia servir de exemplo para desencorajar outros movimentos do gênero, mas acabou fazendo dele o maior símbolo do martírio em defesa da liberdade na História do Brasil.

Não adiantava Portugal espernear, o mundo estava mudando. O século XVIII findara com a primeira grande república moderna, os Estados Unidos, se desenvolvendo nas Américas e difundindo a força de seu modelo político para o resto do continente e do mundo. Constitucionalismo era a palavra que impulsionava os movimentos políticos. Novas formas de governo se impunham e a lei passara a ser o rei. A fé na ciência superara os dogmas da religião. Depois da Revolução Francesa quem mais acreditaria no poder divino dos reis? Eles já não eram mais necessários. Agora precisavam provar sua utilidade.

Os tempos eram realmente outros. Os reis da França tinham sido decapitados. O rei da Inglaterra enlouquecera. A rainha de Portugal também e o mundo europeu estava dominado por um general: Napoleão Bonaparte. Nascido na Córsega, uma ilha francesa de pouca importância, Bonaparte era filho da Revolução, mas tinha seus próprios sonhos de grandeza e se fizera imperador da França. Seu projeto expansionista esbarrava na poderosa Inglaterra, dona dos mares e dos mercados. Bonaparte conseguira fechar todos os portos do continente europeu aos ingleses, menos o de Portugal. D. João — o príncipe regente que assumira o poder depois que a mãe enlouquecera — era um rapaz tímido, feio e sem brilho pessoal que, no entanto, usaria de todos os subterfúgios para não obedecer às ordens de Napoleão de romper a aliança de quase quinhentos anos que Portugal mantinha com a Inglaterra. No final de 1807, cansado de ser enrolado por D. João, Bonaparte determinou a invasão de Portugal. D. João e toda a sua corte mal tiveram tempo de fugir para a grande colônia portuguesa na América, o Brasil. Um fato que teve grandes conseqüências para a nossa História.

A primeira foi a chamada "abertura dos portos às nações amigas". Essa medida mudava muita coisa, pois, até então, tudo o que comprávamos ou vendíamos passava por Portugal e lá pagava imposto. A mudança interessava aos ingleses, pois o bloqueio continental, isto é, o fechamento dos portos aos navios ingleses determinado por Napoleão estava em pleno curso. Imagine o que isso representava para um povo formado por industriais e comerciantes que precisava dos mercados vizinhos para vender sua produção. E os ingleses ainda tinham outro problema: os Estados Unidos da América, com os quais, desde a Independência viviam às turras. Era preciso inventar novos fregueses e o único lugar onde havia compradores em potencial era a América do Sul.

Daí o grande interesse dos ingleses na vinda de D. João, não poupando despesas para escoltar a corte para o Brasil. Arrancaram logo de saída o decreto de abertura dos portos. Tentaram, ainda em Lisboa, ganhar Santa Catarina, cujo porto lhes serviria como entrada para o mercado das colônias espanholas do rio da Prata, no Sul da América do Sul. Mas com isso D. João não concordou.

Capítulo 2

O Brasil independente

No tempo do rei

A chegada de D. João VI no Brasil foi um acontecimento que transtornou a vida tranqüila do Rio de Janeiro colonial. Discutem hoje os historiadores quantas pessoas vieram realmente. Varnhagen, um grande historiador do século XIX, disse que foram 15 mil, número que vem sendo questionado. Mas o que importa mesmo é saber que foi uma multidão e que para dar casa e comida a essa gente, os que viviam aqui foram sacrificados.

Uma das coisas mais absurdas foi o uso das chamadas "aposentadorias". Assim que a corte chegou, foi baixado um decreto determinando que os habitantes do Rio de Janeiro deveriam, quando solicitados, ceder suas casas para os que estavam chegando. E como quem estava chegando era gente importante, foram requisitadas as melhores casas da cidade. Com tudo o que tinham dentro. Nas portas das casas escolhidas eram pintadas as letras P e R, que queriam dizer Príncipe Regente. O povo carioca, no entanto, que já era muito moleque, disse que as letras significavam na verdade "Ponha-se na rua". Mas teve gente que fez questão de dar sua casa. Um comerciante português, Elias Antonio Lopes, que acabara de construir a mais rica e bela casa do Rio de Janeiro, deu-a a D. João para que ele fosse lá viver.

Foi assim que a Quinta da Boa Vista ficou sendo a residência da família real.

Os desconfortos iniciais, no entanto, foram amplamente compensados pelos tantos benefícios que aquela mudança trouxe. Os bons resultados da abertura dos portos se tornaram visíveis assim que começaram a chegar os navios ingleses carregados de mercadorias que antes aqui não se encontravam ou que só se encontravam por um preço muito elevado. Outro benefício quase imediato foi a instalação dos tribunais de justiça. Antes, quando alguém tinha alguma questão importante, tinha que recorrer a Lisboa. Também veio na mesma seqüência a liberação da indústria. Poucos anos depois da chegada de D. João, já se fabricava pólvora no Rio de Janeiro, vidro na Bahia e ferro em São Paulo.

A Impressão Régia logo começou a funcionar, publicando um jornal — a *Gazeta do Rio de Janeiro* — e livros. Para gerir os recursos econômicos, foi criado o Banco do Brasil. E para o cultivo das espécies que ainda não se conheciam por aqui, foi criado o Jardim Botânico. Em pouco tempo foram criadas faculdades de medicina, de direito e uma escola politécnica de orientação militar. Amante da música sacra, D. João investiu na ampliação do quadro de músicos e cantores da Capela Real, incentivando o maior talento nativo: o padre José Maurício. No Largo do Rossio — hoje, praça Tiradentes — foi construído o Teatro São João.

Foram tomadas muitas providências para melhorar, embelezar e limpar a cidade do Rio de Janeiro. Foi um tempo de festas e de progresso. As coisas não paravam de acontecer. Em 1815, o Brasil fora elevado a Reino. Deixara de ser colônia e passara a ter o mesmo status político de Portugal. Com a derrota de Napoleão, em 1814, Portugal restabelecera relações diplomáticas e comerciais com a França e o Rio sofreu uma nova invasão francesa. Invasão de plumas e paetês, pois enquanto os sóbrios e operosos ingleses procuravam dominar o comércio pesado, os fúteis e adoráveis franceses conquistavam corações e mentes. Até D. Pedro, um rapazote mulherengo e novidadeiro de 17 anos, sucumbiu ao fascínio gaulês: sua primeira grande paixão foi uma atriz francesa. Um das tantas que aqui desembarcaram.

Com suas modistas, cabeleireiros e decoradores, os franceses logo fariam da rua do Ouvidor a rua mais chique do Rio de Janeiro. A moda francesa revolucionaria o jeito de vestir, de pentear, de dançar e de se comportar em sociedade de homens e mulheres. A maneira de decorar o exterior e o interior das habitações passaria a sofrer sua influência. Enfim, tudo o que era distinto e refinado no mundo da cultura espiritual e material do Rio de Janeiro passou a ter a marca da França, e isso se aprofundou ainda mais com a chegada da Missão Francesa em 1816: um elenco de artistas de primeira linha que veio criar a escola de Belas-Artes.

Idéias novas e Independência

Mas, se as modas eram novas, as idéias eram também.

O mundo mudara e mesmo no atrasado e supersticioso Portugal havia espíritos capazes de se rebelar. A Revolução Liberal portuguesa aconteceu na cidade do Porto em 1820 e pedia a volta do rei para Lisboa, o fim do absolutismo e a instalação de uma assembléia que deveria redigir a Constituição de Portugal. Queriam uma monarquia em que o rei reinava, mas quem mandava era a Assembléia. As bases da Constituição portuguesa se inspiravam na Declaração dos Direitos do Homem e estabeleciam imediatamente a liberdade de imprensa e de opinião. Quando a notícia chegou ao Brasil, os liberais brasileiros vibraram: finalmente íamos ter leis claras e iguais para todos.

Mas não era bem assim. Os portugueses, mesmo os mais liberais, não se conformavam com a enorme perda que representara para a economia de Portugal a mudança da sede do reino para o Rio de Janeiro e o fim do monopólio comercial com o Brasil. Queriam a volta do rei e com ela a do antigo *status quo*. À medida que iam acontecendo as reuniões da Assembléia, essas intenções foram ficando cada vez mais claras para os brasileiros.

D. João, desgostoso — pois preferia ficar aqui —, tivera que retornar a Portugal, deixando seu filho, D. Pedro, como Príncipe Regente. Para garantir a segurança do Regente e de sua corte, ficaram também tropas portuguesas. Mas estas, lideradas pelo general Jorge de Avilez, acabaram por dar um golpe e assumir o poder, deixando a D. Pedro um papel apenas figurativo. Quando começaram a chegar os decretos expedidos pelas Cortes que praticamente reduziam o Brasil novamente ao estado colonial, retirando até mesmo direitos que tínhamos antes da chegada de D. João, os brasileiros se revoltaram e deram início ao movimento que culminou com o chamado "Dia do Fico".

Um dos decretos determinava a volta imediata de D. Pedro para Portugal, de onde deveria partir em viagem pelas cortes da Europa "acompanhado de pessoas de Luzes" a fim de completar a sua educação. A jovem imprensa brasileira atuou de forma intensiva no sentido de convencer D. Pedro a ficar e, no dia 9 de janeiro de 1822, ele disse aquela famosa frase: "Se é para o bem de todos e felicidade geral da Nação, digam ao povo que fico." Daí para a Independência foi um pulo. E esta foi proclamada no dia 7 de setembro de 1822.

Era um tempo de esperanças e de sonhos desenfreados. No ar bailavam as idéias novas empolgando as mentes brasileiras, mas nem sempre com base real para serem implantadas. Para botar ordem na casa, foi convidado a liderar o ministério um paulista genial: José Bonifácio de Andrada. Ele se tornou o principal ministro de D. Pedro e foi certamente uma influência muito positiva sobre o jovem irrequieto, impulsivo e não muito sensato príncipe.

As idéias de José Bonifácio

José Bonifácio direcionou sua administração no sentido de fazer do Brasil uma nação altiva e independente: ele queria acabar com o tráfico de escravos e libertá-los; pretendia que os libertos e os índios fossem integrados à nação brasileira; ele queria confiscar as propriedades dos portugueses que não tivessem optado pelo Brasil; rever as doações de terra feita no período colonial recuperando para a Coroa todos os latifúndios improdutivos; queria mudar a capital para o Centro-Oeste propiciando o desenvolvimento do interior. José Bonifácio se recusou a contrair empréstimos internacionais para não gerar dívidas a serem pagas pelas futuras gerações; propôs a criação de uma Marinha de Guerra capaz de proteger a imensa costa brasileira e de manter sob o controle da metrópole as demais províncias. Foi um homem de uma notável visão e o destino de nosso país teria sido outro se suas idéias tivessem prosperado.

Mas os projetos arrojados de José Bonifácio contrariavam interesses poderosos. Ele conseguira desagradar aos ricos comerciantes portugueses, aos traficantes de escravos e aos grandes senhores de terras. E brigara também com os radicais, aqueles que queriam estabelecer no Brasil uma democracia.

Naturalmente você me perguntará: mas democracia não é sempre bom? Eu lhe respondo: é. Mas a democracia que os democratas brasileiros daquele tempo queriam não incluía os escravos. E os escravos eram a maior parte da população brasileira. Outro detalhe é que o modelo de democracia que se usava então definia o direito ao voto pela quantidade de bens que a pessoa tinha. Só podia votar quem tivesse uma certa quantidade de bens e ser eleito quem tivesse mais bens ainda. Ou seja, só podia votar quem tivesse dinheiro e ser eleito quem fosse rico.

O que José Bonifácio queria era que D. Pedro tivesse juízo e força suficiente para acabar com a escravidão. Ao mesmo tempo, queria que se reduzissem as grandes propriedades e o volume de riqueza brasileira em mãos dos portugueses fiéis a Portugal. Ele achava que não adiantava eleger deputados para elaborar uma Constituição se esses deputados seriam representantes justamente daqueles grupos que atrasavam o Brasil: latifundiários, traficantes de escravos e comerciantes portugueses.

Para implementar todas essas políticas, José Bonifácio queria que D. Pedro desse uma Constituição ao Brasil sem convocar uma Constituinte. Ou seja, sem que se elegessem deputados que fossem os responsáveis por sua elaboração. Com isso a Constituição teria a cara que José Bonifácio queria. Depois de organizadas as instituições, quando a nação estivesse funcionando dentro do novo sistema de leis, o imperador poderia convocar uma constituinte que só então modificaria a Carta, adaptando-a à nova realidade do Brasil.

O Primeiro Reinado

Em julho de 1823, José Bonifácio deixou o ministério e, junto com seu grupo político, fundou um jornal de oposição ao governo. Os ataques eram principalmente contra a influência dos portugueses sobre D. Pedro I. O que estava em jogo e que os brasileiros tanto temiam era que essa influência levasse a um retrocesso na Independência. Não se tinha muita clareza sobre quais eram os planos de D. Pedro. Era possível que ele também não tivesse. Mesmo assim, em março de 1824, alguns meses depois de ter dissolvido a Assembléia Constituinte, o imperador deu uma Carta Constitucional ao Brasil.

No mesmo ano aconteceu uma revolta em Pernambuco que entrou para a história com o nome de Confederação do Equador. Foi motivada pela insatisfação com o fato de D. Pedro ter dissolvido a Assembléia e dado uma Constituição em vez de deixar que os deputados a fizessem. Mas também porque os pernambucanos sempre foram muito independentes e não gostavam de pagar tantos impostos para manter a corte aqui no Rio de Janeiro. Eles queriam que o Brasil fosse uma federação, assim como os Estados Unidos, onde cada Estado tem seu Parlamento, sua justiça e sua economia independentes do governo central. A revolução foi reprimida e alguns de seus líderes foram executados. O mais famoso deles era um religioso, Frei Caneca, que se tornou um dos símbolos do espírito aguerrido do povo pernambucano.

Assim o reinado de D. Pedro começou com uma marca de impiedade. Sem limites, insuflado pelos aduladores, sem ninguém que o aconselhasse, o imperador exorbitou e seguiu tomando outras atitudes desastradas. Dentre elas, as de piores conseqüências para o Brasil foram os empréstimos contraídos com bancos ingleses; a negociação com Portugal pelo reconhecimento de nossa Independência, que nos deu um rombo de 2 mil libras esterlinas; a guerra na Cisplatina; a mal planejada política de imigração; as muitas e sucessivas substituições do ministério e, no plano privado, sua escandalosa ligação com a Marquesa de Santos.

A morte da Imperatriz D. Leopoldina em 1826, depois das humilhações que sofreu por causa da amante de D. Pedro e dos boatos de que o marido a maltratava, também contribuiu para torná-lo impopular. Cada vez mais os brasileiros o viam como um português e desconfiavam que seu desejo secreto fosse unir novamente o Brasil a Portugal. Essa suspeita aumentou ainda mais com a morte de D. João VI em 1826. Em Lisboa, D. Pedro I foi aclamado rei com o título de D. Pedro IV. Ele logo abdicou da Coroa Portuguesa em favor da filha, Maria da Glória, mas se manteve tão envolvido com os negócios de Portugal que, pressionado pelos brasileiros, no dia 7 de abril de 1831, abdicou da Coroa do Brasil em favor de seu único filho homem, D. Pedro II, que tinha apenas 5 anos de idade.

Momento republicano — a Regência

Na manhã de 7 de abril de 1831, D. Pedro II acordou assustado e não viu mais o pai. Vestiram-no e levaram-no de São Cristóvão para o Paço, a fim de ser aclamado imperador. Chorava. Era uma criança como outra qualquer, mas que carregava em si o símbolo do regime político vigente no país. Seu título era simbólico, pois por ele mandariam os regentes.

Expulso D. Pedro I, a elite política brasileira ia governar pela primeira vez. E essa experiência mostrou as vantagens e desvantagens do liberalismo. Em 1831 um ato institucional mudara a Constituição, e em 1834 ele foi reformulado. As províncias tinham mais poder, mas isso resultara em guerras fratricidas e havia o risco constante de uma divisão do país. O Brasil não tinha estrutura para suportar o federalismo, concluíram os mais conservadores. Os tempos eram tão confusos que mesmo José Bonifácio e seus irmãos, que tinham sido deportados do Brasil em 1823, desejavam a volta de D. Pedro I ao trono. Este, coitado, pagava por todos os seus pecados na guerra contra D. Miguel, o irmão mais novo que se apossara do trono português. Com a coragem e valentia que demonstrou nesta guerra, D. Pedro passou de doidivanas a mártir, pois morreria pouco depois em decorrência do tanto que se sacrificara nos campos de batalha para retomar a Coroa de Portugal para a filha mais velha, coroada como D. Maria II, em 1834.

O período regencial transcorreu durante dez anos de muita agitação, mas também de muita experiência política. Durante aquela década, definiram-se as tendências e formaram-se os dois partidos, Conservador e Liberal, que dominariam a cena política brasileira na segunda metade do século XIX. A monarquia se confirmara como o regime mais apropriado para manter o Brasil unido. Os intensos abalos que sofreu naquele período não a derrubaram, sim a fortaleceram. O Golpe da Maioridade fez com que D. Pedro II assumisse o trono aos 14 anos, em 1840. Começava o mais longo governo que o Brasil conheceu. O menino imperador cresceria com ele e seria fator de união e de centralização.

O Segundo Reinado

Foi um reinado de quase meio século. D. Pedro casou, teve filhos, netos, viu morrer alguns de seus filhos e reinou. Seu reinado foi marcado pelo progresso, pela industrialização e pela imigração. A imprensa cresceu e se ampliou, gozando de ampla liberdade; instituições que se tornariam tradicionais na vida cultural brasileira como o Instituto Histórico e Geográfico do Brasil, o IHGB, e a Biblioteca Nacional funcionavam a todo o vapor. D. Pedro II era um homem culto que dedicaria grande interesse aos trabalhos desenvolvidos no IHGB, na Academia de Belas-Artes e no Colégio Pedro II. Com o objetivo de veicular uma melhor imagem deste país distante, agrícola, monárquico e escravocrata, o Brasil participaria das grandes exposições universais da segunda metade do século XIX. Ali seria representado como uma nação moderna e cosmopolita, tendo como soberano um homem culto e aberto às novas tecnologias. De fato, D. Pedro II foi um dos primeiros governantes do mundo a incorporar e popularizar a fotografia e o telefone.

A grande guerra da América do Sul

Durante o reinado de D. Pedro II, o Brasil se envolveu em um grande conflito internacional. Foi a chamada Guerra do Paraguai. Olhando no mapa parece até uma covardia que o Brasil, a Argentina e o Uruguai tenham se unido contra o pequeno Paraguai. Como em briga de criança, a gente pode dizer: foram eles que começaram.

A complicada história das nossas relações com os vizinhos do Sul, a chamada região do Prata — que tem esse nome porque diz respeito às terras que circundam os rios da bacia do grande rio da Prata — marcou todo o período colonial e boa parte do imperial. Desde a fundação da Colônia do Sacramento em 1680, espanhóis e portugueses lutaram pelo controle da região. Entre guerras e acordos essa relação tumultuada envolveu sempre os governos mais fortes que eram o do Brasil e o da Argentina. Acontece que, em 1864, o presidente do Paraguai, Francisco Solano López, resolveu reivindicar o papel de mediador em um conflito entre Brasil e Uruguai, o que foi recusado pelo Brasil. Tomando essa atitude como desrespeitosa ao seu país, López invadiu o território brasileiro, em Mato Grosso, e o argentino, em Corrientes, declarando assim guerra aos dois países. Em 1865, formou-se a Tríplice Aliança entre Argentina, Brasil e Uruguai, destinada a combater o governo paraguaio. A guerra se estendeu de 1864 a 1870 e foi o mais sangrento conflito internacional das Américas.

Essa longa guerra nos endividou e influiu para a queda da monarquia em 1889. Mas, uma das coisas boas que resultou da Guerra do Paraguai foi a formação de um Exército e de uma Armada brasileiros organizados e preparados para o combate. Se a Armada já vinha sendo organizada desde o tempo de José Bonifácio, o Exército nacional nunca merecera os mesmos cuidados. Era um corpo dividido e sem unidade, disperso pelas províncias, com as companhias subordinadas aos poderes locais. Com a necessidade de organizar grandes contingentes para o esforço de guerra, a estrutura interna da corporação foi definida e valorizada. A campanha formou militares de valor que passaram a ter orgulho da farda e do Exército. Seus oficiais não pertenciam à elite como os oficiais da Marinha brasileira. Eram pessoas que vinham de uma classe média ainda não reconhecida como tal e que chefiavam batalhões de soldados muitas vezes formados por ex-escravos. O povo brasileiro lutou no Paraguai e saiu dessa experiência com consciência de seu valor.

Depois da guerra, a volta dos batalhões sem destino certo e com a economia do país arruinada representava um problema para o governo. Como continuar pagando o soldo de todo esse enorme contingente? Como impedir que, na paz, essa força de guerra não se transformasse em uma ameaça à estabilidade da vida civil? A solução foi dispersá-la por todo o Brasil. Outra questão havia, no entanto: esses militares também estavam sendo influenciados por uma corrente de idéias modernas conhecida como Positivismo. Os positivistas não achavam a monarquia o melhor dos regimes políticos. Antes preferiam um governo republicano forte, algo como uma ditadura militar.

Escravidão e Abolição

Durante o reinado de D. Pedro II, o Brasil mudou muito. Só uma coisa não mudava: a escravidão. Desde o começo da nossa História a escravidão foi uma mancha que envergonhava e não tinha jeito de se apagar. O país crescera em função dela e apesar dela. Menos do que merecia e podia. No final do século XIX, era o último a manter o odioso sistema. Leis se faziam desde o tempo de D. João VI para impedir que se traficassem escravos para o Brasil. Mas eram leis "para inglês ver". Ninguém no Brasil cuidava de fazê-las cumprir e os navios vinham cheios da África. Ou melhor, partiam cheios de lá e chegavam pela metade ao Brasil. Muitos dos africanos embarcados morriam pelo caminho em função das péssimas condições da viagem ou eram jogados ao mar para escapar da vigilância dos ingleses, senhores dos mares e do trabalho livre.

Um dos mais bonitos poemas já escritos em língua portuguesa é o "Navio negreiro" de Castro Alves. Sei só algumas partes de cor, pois é longo, mas acho que vale a pena você guardar este verso: "e existe um povo que a bandeira empresta para cobrir tanta infâmia e covardia". Esse povo de que fala o poema era o povo brasileiro, pois sua vida econômica se baseava naquela miséria que eram os navios negreiros.

Quando chegavam ao Brasil, os africanos eram colocados em uma espécie de depósito até engordarem um pouco e se curarem das doenças que adquiriram a bordo. Depois eram apresentados na praça para serem vendidos como se fossem mercadoria e iam trabalhar nos serviços pesados na lavoura ou na cidade. As condições de vida dos escravos eram as piores possíveis e quando um deles cometia alguma falta era submetido a castigos desumanos. O espetáculo de homens e mulheres carregando correntes ou máscaras de ferro pelas ruas das cidades, os sons de gritos de escravos sendo castigados, chocavam os estrangeiros e as pessoas mais sensíveis. Nas fazendas e minas, os escravos trabalhavam e viviam em condições ainda piores.

O negro plantou, colheu e moeu a cana para fabricar o açúcar; minerou ouro e diamantes; plantou e colheu café. Esteve em todos os ciclos econômicos da História do Brasil colonial e monárquico. Cresceu com o país e se fez parte indissociável dele. Deixou sua marca em tudo, na língua, nos costumes, na alimentação, na música e na composição étnica do povo brasileiro. Por causa dele e dos índios, somos na maioria moreninhos, por causa deles é que fomos nos diferenciando do nosso colonizador europeu e fomos nos tornando tão especiais, tão brasileiros.

Isso se deveu ao fato de que o povo brasileiro foi miscigenado desde o começo da colonização. Tanto pela união dos primeiros colonos brancos com as índias, como também pelo fato de que muitos fazendeiros e proprietários portugueses se uniram às suas escravas e tiveram filhos com elas. O fato importante é que, apesar de todo o caráter perverso, arbitrário e explorador da dominação dos senhores sobre os escravos, a mistura de raças foi constante e contínua ao longo da nossa História. E isso faz com que hoje seja praticamente impossível separar os brasileiros a partir de critérios raciais como se usam em outros países em que não houve miscigenação.

Um bisavô liberto

Meu pai me contou que seu avô, pai de seu pai, era um liberto chamado Bento José que, em torno do ano de 1862, se tornara dono de um pequeno pedaço de terra em Canindé, no sertão do Ceará. Como adquirira sua liberdade? Meu pai não explicou e eu ainda não consegui descobrir. O fato é que Bento era alfabetizado, eu diria mesmo até instruído para os padrões do tempo. Em sua cidade ele era o único que assinava um jornal do Rio, A Pátria. *Vinha buscá-lo no domingo, na cidade, e depois emprestava ao juiz e ao tabelião que eram seus amigos.*

Quando Bento procurou moça para casar, encontrou Maria, uma menina que fora criada na casa do juiz. Segundo meu pai, essa moça era filha de uma mulher de Pernambuco que largara o marido para fugir com os ciganos e trouxera consigo a filha. Quando chegaram ao Canindé, naturalmente por conta do preconceito que havia contra os ciganos, foram presos e o juiz tomou a criança e a criou.

Bento quis casar no civil e o tabelião perguntou, nome: Bento José. E o sobrenome? Não havia. Quem era ou fora escravo, não tinha sobrenome. Não tinha família. Pertencia ao dono. O tabelião disse ao Bento: "Não fica bem você não ter sobrenome. Olhe, vamos fazer uma coisa, eu me chamo Raimundo Facundo Vieira da Costa. Vamos botar aqui que seu nome é Bento José da Costa." É por isso que nos chamamos Da Costa.

Esse meu bisavô tinha a esquisitice de pagar um mestre-escola para educar seus filhos e filhas. Ou, como então se dizia: desasnar os meninos. E quando lhe observavam que não se devia ensinar as moças a ler, porque isto só servia para que escrevessem aos namorados, dizia: "Melhor que elas mesmas escrevam do que mandem outros escreverem."

Imigração para branquear o Brasil

Além do problema humano, a escravidão representava uma outra questão: o tipo de povo que estava se formando no Brasil. O país queria ser visto como uma nação branca pertencente à grande civilização ocidental e não como uma continuação da África. E era com a África que se pareciam as nossas cidades devido ao enorme contingente de escravos que coloriam suas ruas.

A idéia de que a imigração de europeus era o grande remédio para o Brasil já estava na mente dos homens desde o tempo de D. João VI. O projeto era fazer vir da Europa trabalhadores brancos, pobres e, de preferência, com alguma especialização, para ocupar tantas e tão vastas terras de forma que, aos poucos, seu número fosse superando o dos escravos e homens livres de cor. Assim começaram a se formar, ainda no tempo do rei, as primeiras colônias de imigrantes suíços e alemães no Brasil. Ao longo do século XIX, esse tipo de imigração seria mais ou menos estimulada, mas aumentaria consideravelmente depois da Abolição, em 1888. A partir daí foi intensa a entrada de portugueses, alemães e italianos nos portos do Brasil. Essa força de trabalho livre e assalariado foi ocupar seus lugares nas fábricas e fazendas mas também se destinou à criação de colônias, fixando-se principalmente nos Estados do Sul brasileiro, cujo clima era mais parecido com o de seus países. Certamente o Estado brasileiro que recebeu em suas cidades as maiores levas de imigrantes foi São Paulo. Seus imigrantes italianos, principalmente, se integraram de tal maneira à população aqui já estabelecida que influíram na transformação tanto do uso da língua, quanto dos hábitos alimentares, da música e de outras expressões da cultura local.

Os imigrantes vieram para o Brasil como mão-de-obra livre para substituir a mão-de-obra escrava. Vinham com vontade de vencer e de trabalhar e tinham, diferentemente dos brasileiros, a ausência do preconceito com relação ao trabalho manual. É um tema que parece quase anedótico o do escravo que tinha outro escravo para carregar-lhe a maleta de sapateiro. Ou o do escravo que, logo que se tornava livre, comprava seus próprios escravos para ser senhor e não fazer mais nada. Pois o homem livre, mesmo o mais modesto, crescera achando que trabalhar era coisa de escravo. Queria coisa melhor, ser padre ou bacharel, casar com herdeira rica, emprego numa repartição. Nada que parecesse com atividade manual: alfaiate, barbeiro, carpinteiro, sapateiro, padeiro, porque tudo isso era ofício de gente menor, era trabalho de escravo. E foi para esses ofícios que vieram os imigrantes.

No final do século XIX, as teorias raciais que associavam o destino dos povos à sua composição racial condenavam o Brasil a ser permanentemente atrasado. Essas teorias consideravam negros e índios como raças inferiores, e mesmo os nossos brancos portugueses também não eram tidos lá como muito brancos, pois já haviam se misturado com os mouros. Os climas tropicais também eram vistos como pouco destinados a gerar civilizações produtivas. Deste ponto de vista, nosso país estava condenado ao atraso. Alguns intelectuais brasileiros viram na importação de brancos empobrecidos da Europa uma forma de reduzir a gravidade do problema. Achavam eles que os brancos se misturariam aqui aos negros, índios e mestiços formando, com o passar do tempo, mestiços cada vez mais claros. Assim, um belo dia o Brasil seria um país branco.

O objetivo de branquear o Brasil não foi muito bem-sucedido. Logo depois seria abandonado e, os próprios intelectuais brasileiros produziriam, para felicidade sua e nossa, teorias mais benevolentes para com a composição de nosso povo. Teorias que, em vez de negar nossas características vendo-as como negativas, identificavam nelas a especificidade brasileira. Hoje, felizmente, ninguém pensa mais em branquear ou escurecer os brasileiros, mas sim em aceitá-los e entender como eles são.

Algumas das colônias alemãs e italianas isoladas do Sul do país não se integraram. Só no governo Vargas o português foi obrigatório nas escolas dessas colônias. Ainda hoje há imigrantes que não sabem falar nosso idioma. No entanto, é uma minoria. Nas grandes cidades, a miscigenação continuou a se verificar pelo próprio espírito da cultura brasileira, que sempre foi altamente inclusiva. Com o passar dos anos, a população de imigrantes foi se confundindo com a outra, sem que a população brasileira deixasse de ser predominantemente mestiça e morena, com uma feição bem peculiar onde se combinavam traços, cores e cabelos diversos.

História de um imigrante

Você tem um bisavô espanhol. É o pai de sua avó paterna, Edy. Ele veio para o Brasil, segundo me contaram, no final do século XIX.

Vinha fugindo da grande pobreza e das pestes que assolavam a Espanha. Conta a lenda que quando aqui chegou o navio que viajava ficou detido no porto. Quase todo o mundo morrera de febre amarela, inclusive os parentes que vieram com ele. É que naquele tempo o Rio era uma cidade muito insalubre, principalmente no verão. As más condições de higiene em que vivia a população pobre se agravavam com o calor. Muitas doenças proliferavam e era comum que muitos dos imigrantes morressem ainda no porto.

Emílio Batista Gomes, esse seu avô, tinha 12 anos e se virou para viver sozinho no Rio de Janeiro fazendo todo o tipo de biscate. Quando surgiu uma oportunidade, alistou-se no Exército e lutou do lado florianista na Revolta da Armada e na guerra que se lhe seguiu. Tinha grande admiração por Floriano Peixoto. Ele se estabeleceu depois no interior do Paraná, fez fortuna e foi um dos fundadores de uma cidade chamada Irati, da qual se tornou o primeiro prefeito em 1907.

Viu como a História do país se confunde com a sua História? O importante da História do seu bisavô é como ela demonstra a força da presença do imigrante no Brasil depois da Abolição. A imigração é um capítulo muito importante de nossa História, porque assim como os que vieram antes, portugueses e africanos, esses europeus e asiáticos pobres vieram compor o grande e variado panorama da nação brasileira.

Capítulo 3

O Brasil republicano

República

O Império estava terminando. A Guerra do Paraguai formara um exército de classe média, de filhos de pequenos funcionários e de famílias do interior. Gente que se distinguira na guerra e que voltava para a cidade cheia de orgulho da farda. Temendo o poder explosivo dessas forças nas cidades, o governo imperial tentou desmobilizá-las, mantendo-as afastadas da corte. Mas o Brasil crescera e com ele as cidades distantes onde também havia imprensa. As notícias que se publicavam lá acabavam por repercutir na capital.

Outro fator que influiu no final da monarquia brasileira foi a Abolição. Ela foi o resultado de um movimento que viera crescendo, apesar de sempre contido pela força maior do grande capital cafeeiro. Ao longo do século, o movimento abolicionista ganhara corpo e personalidade, tornando-se ativo defensor dos direitos dos escravos. Com uma imprensa livre e uma classe intelectual formada na leitura dos poetas franceses, principalmente Victor Hugo, as mentes jovens há muito eram abolicionistas. A emergência de intelectuais negros nesse contexto favorecia a causa como prova viva da igualdade dos homens. Patrocínio, Rebouças, Luís Gama tornavam evidente que não havia razão para que o negro fosse escravo.

O argumento dos senhores migrara da questão da inferioridade natural para o direito de propriedade. O negro era escravo porque fora adquirido como mercadoria, o senhor pagara por ele dentro de um regime econômico em que o trabalho escravo era legal. Mas de outro lado havia leis antigas, as tais leis "para inglês ver" que existiam e vigiam ainda, e foi baseado nelas que grandes abolicionistas como Luís Gama encetaram processos na justiça em defesa de escravos fugidos.

Foi uma epopéia gloriosa que, diga-se a bem da verdade, contava com a simpatia do imperador e de sua família. A abolição dos escravos foi sendo concedida de forma progressiva durante o reinado de D. Pedro II. Primeiro, com leis que proibiram o tráfico; depois declarando libertos os filhos de escravas; na seqüência, foi dada a liberdade a todos os escravos acima de 60 anos e, finalmente, veio a Lei Áurea assinada pela Princesa Isabel, filha de D. Pedro, declarando abolida a escravidão no Brasil. A lei foi assinada pela princesa porque era ela quem estava no trono como Regente. D. Pedro II viajara para uma longa temporada na Europa. Talvez tenha se ausentado para permitir que a filha ficasse com toda a glória pelo ato. Afinal, depois de sua morte, a Princesa Isabel se tornaria Imperatriz do Brasil.

Era o fim de uma era. Os grandes fazendeiros e proprietários de terra que formavam a elite financeira do país tiraram seu apoio à monarquia e se tornaram republicanos. Um novo tempo começava onde não havia mais lugar para o imperador e sua família. Uma pequena insatisfação militar foi o estopim que desencadeou o movimento do dia 15 de novembro de 1889. No dia 16, D. Pedro já na era mais imperador e na madrugada entre esse e o dia 17 embarcava para a Europa junto com todos os seus familiares. Para sua imensa tristeza, pois amava o Brasil, pátria cuja história se confundia com a dele e imaginava que os republicanos o deixariam ficar por aqui mesmo, dando aulas no Colégio Pedro II. Não deixaram. Ele morreu pouco tempo depois no exílio. A Princesa Isabel também nunca mais voltou ao Brasil.

A espada era a lei

A república brasileira começou com cara de que iria pelo caminho das outras repúblicas latino-americanas onde se alternavam os generais. Todos os países da América do Sul que tinham sido colonizados pelos espanhóis, depois de conquistarem suas independências, tornaram-se repúblicas. Para enaltecer a estabilidade do regime os defensores da monarquia brasileira costumavam citar como exemplo a sucessão de insurreições sangrentas que os agitavam.

A mudança de uma monarquia estável que, durante mais de noventa anos tinha governado o Brasil — se levarmos em conta o período que vai da chegada de D. João à saída de D. Pedro II — para um governo presidido por um militar, parecia tornar o Brasil semelhante aos seus vizinhos. De fato, apesar de o marechal Deodoro da Fonseca ser homem da velha guarda, amigo do imperador, que só a muito custo aderira à revolução, logo que se viu à frente do governo seu espírito militar se impôs. Os jornais acostumados a dizer o que bem queriam sobre D. Pedro II foram surpreendidos pela reação violenta de Deodoro e de seus sobrinhos militares quando tentaram fazer o mesmo com o marechal presidente. O elenco de republicanos, no qual brilhava a estrela em ascensão de Rui Barbosa, entrou em conflito com Deodoro. O desgaste de seu governo foi rápido, e ele renunciou pouco depois de dois anos, amargurado com a política.

Em seu lugar subiu ao trono o vice, o também marechal, Floriano Peixoto. Se Deodoro fora um republicano de última hora, Floriano não fora republicano em hora nenhuma. Ele estava a serviço do governo do último ministério imperial e só aderiu ao movimento depois que pressentiu sua vitória. Floriano era totalmente estranho ao elemento civil — fazendeiros, advogados, políticos, jornalistas e escritores — que participara da revolução e lhe dera texto e argumento. Ele não tinha sutilezas democráticas, era homem da hierarquia e da força militares e faria valer ambas durante o seu governo. Este tipo de personagem autoritário sempre desperta paixões e o então Marechal de Ferro, como era chamado, apesar do aspecto apático tão bem descrito por Lima Barreto em *O triste fim de Policarpo Quaresma*, despertou o entusiasmo dos que acreditavam que o governo precisava de alguém com pulso para conduzi-lo, depois de anos de reinado do "Pedro banana", apelido que alguns davam a D. Pedro II por conta de sua benevolência.

O fato é que o governo Floriano prendeu, torturou e deportou muita gente boa. Rui Barbosa, Olavo Bilac e Eduardo Prado, entre outros nomes ilustres, tiveram que fugir para não ter que ir dar com os costados nos navios-prisões ou nos cárceres úmidos e insalubres da Fortaleza de Laje, situada em uma ilha no meio da baía de Guanabara. José do Patrocínio chegou a ser preso. No Sul, para onde fugiram os navios que participaram da Revolta da Armada, em 1893 — frustrada tentativa da Marinha de depor Floriano — os que não se submeteram ao governo florianista foram executados.

Sobrou também para a colônia portuguesa no Rio. Já havia certa animosidade contra ela entre os florianistas e os elementos insatisfeitos com a situação econômica da classe trabalhadora brasileira. O imigrante português era pau para toda obra, vinha disposto a trabalhar e a enriquecer a qualquer custo. Dava um duro danado e não tinha qualquer preconceito com os serviços mais pesados. Os brasileiros, que vinham de uma longa tradição em que a maior parte dos ofícios era tida como trabalho de escravos, tomaram ódio aos obstinados e bem-sucedidos portugueses.

A concessão de asilo a Saldanha da Gama e outros participantes da Revolta da Armada foi fatal para acirrar os ânimos. A atitude de Floriano, rompendo com Portugal e mandando embora seu embaixador, contribuiu para aumentar sua popularidade e a impopularidade da colônia lusitana. "Mata galego!" Foi o grito de guerra que marcou essa nova *noite das garrafadas* registrada por Luiz Edmundo e outros cronistas do tempo e que caracterizou o movimento que se convencionou chamar de Jacobino.

Mesmo assim, o governo Floriano terminou ao final dos quatro anos previstos pela Constituição de 1891 e ele passou o poder a um sucessor civil que tinha sido eleito por voto direto.

A era dos bacharéis

Com o fim do ciclo militar que deu início à República no Brasil, começou um novo tempo, o tempo dos presidentes paulistas. A maior parte deles era formada por homens bem-educados que tinham estudado na faculdade de direito de São Paulo. Daí esse período também ser conhecido como República dos Bacharéis. Alguns de seus líderes, como os três primeiros presidentes civis, eram proprietários de grandes fazendas de café de São Paulo, o que demonstra a força da economia cafeeira na definição dos rumos da política brasileira.

Essa classe econômica — que foi a mais rica do país da segunda metade do século XIX e até a terceira década do século XX — havia aderido à causa da República quando constatara que, sob a Monarquia, a Abolição era inevitável. Os mais previdentes sabiam que era preciso se organizar para o novo modelo político de forma que ele continuasse a ser útil aos seus interesses. Isso não significava que eles esperassem a volta da Escravidão. Nunca se cogitou disso na República. O que gostariam era de, durante o novo regime, continuar dando as cartas e conduzindo a política econômica para que continuassem a mandar. Ou seja, que continuassem a ser a classe dominante. E, sem dúvida, deste ponto de vista, tiveram muito sucesso.

O povo é que estranhava ainda essa tal de República. Depois do regime de força de Floriano, quando a confusão ficou concentrada no Sul, rompeu no Nordeste uma revolta camponesa de dimensões inimagináveis. A Guerra de Canudos é um desses fenômenos históricos que seguem despertando o imaginário nacional. Liderados por uma espécie de profeta, o Antônio Conselheiro, um bando de caboclos formou, no interior da Bahia, uma comunidade. Era pacífica e religiosa, mas começou a aumentar e a se desenvolver tanto que despertou o receio dos grandes fazendeiros da vizinhança. O pretexto para atacá-la foi o fato de que Antônio Conselheiro e seus liderados eram monarquistas. Em suas pregações, o profeta sertanejo condenava o casamento civil e outras leis da República. Era uma comunidade tão rústica, vivendo numa região tão seca e tão pobre do sertão nordestino que parecia ser fácil dissolvê-la.

Não foi. Durante o ano de 1897 os sertanejos de Canudos resistiram a quatro investidas das melhores tropas do Exército brasileiro — cerca de 10.000 soldados — e não se renderam até o final da luta. Foram dizimados, mas deixaram uma legenda de coragem e resistência que impressionou um dos repórteres que tinha ido lá fazer uma matéria para o jornal *O Estado de São Paulo*. Euclides da Cunha registraria numa das obras mais importantes da cultura brasileira, *Os sertões*, quem eram aqueles homens, sua natureza, sua constituição física, como viviam e como era o lugar que habitavam. Ele procurou entender seus motivos, a origem de sua força e, ao final de seu relato, não esconde a admiração pela fibra daqueles valentes caboclos. Através da Guerra de Canudos, o Brasil do litoral tomou conhecimento do Brasil sertanejo. E, desde então, o sertão, do qual a gente das grandes cidades só falava no tempo da seca, passou a fazer parte da geografia sentimental e estética dos brasileiros.

A República Federativa e os coronéis

Desde o começo da História do Brasil independente havia pessoas que desejavam que ele fosse uma federação assim como o são os Estados Unidos da América. Achavam que o grande problema do Brasil era a centralização: o controle que o governo imperial exercia sobre as províncias. Acreditavam que se elas tivessem mais autonomia para administrar seus problemas e gerir seu dinheiro haveria um melhor funcionamento das partes e um maior progresso para o todo. Esse modelo de organização em que os Estados se reúnem em um corpo político, mas conservam certa autonomia, se chama federação. É a forma de organização política dos Estados Unidos e, desde o tempo da Independência, os federalistas daqui o apontavam como modelo ideal para ser adotado no Brasil. No entanto, contrário a essa opção, aconselhavam os federalistas a olharem um pouco mais para baixo e constatarem o que acontecera com a América Espanhola que, não tendo um centro político se fragmentara em várias nações independentes e frágeis.

A discussão era boa e o modelo federalista chegou até o final do século XIX sem chance de ser testado. Com a proclamação da República finalmente foi implantado. Durante o governo Campos Salles (1898-1902) — um dos fazendeiros paulistas que, no Rio de Janeiro, participara ativamente das ações que levaram à Proclamação da República — foi adotada a "política dos governadores". Sob essa orientação, os governos das províncias ganharam ampla autonomia. Se essa autonomia representou um impulso para o progresso de Estados ricos como São Paulo e Minas Gerais, foi também a causa do aprofundamento das desigualdades nas regiões pobres do Norte e Nordeste do Brasil, onde predominava o latifúndio, enormes porções de terra pertencentes a um único indivíduo ou família. Com a "política dos governadores" o controle de todas as instâncias de poder político e social ficou ainda mais concentrado nas mãos dos coronéis. Fortaleceram-se as grandes oligarquias: famílias que controlavam a máquina política e econômica de uma localidade, de um município e até mesmo de um Estado.

Os latifundiários eram chamados de coronéis porque, desde a monarquia, a Guarda Nacional, uma corporação militar sem qualquer atividade marcial, concedia patentes de coronel e major puramente honoríficas a quem por elas mais pagasse. A principal clientela dessas patentes eram os fazendeiros do sertão, que ostentavam-nas como um título quase equivalente ao de barão. E de fato, suas propriedades eram verdadeiros baronatos, e o governo das províncias era regido de acordo com os interesses desses barões rústicos. Os coronéis do interior dominavam a política local, determinando quem seria eleito ou não, conduzindo as eleições de forma totalmente controlada e garantindo a conservação de seu poder através dos jagunços. Mistura de segurança, polícia e capataz do fazendeiro, os jagunços eram grupos de homens armados que viviam em torno da casa da fazenda. Esse sistema, onde o coronel fazia as leis e determinava os castigos condenava o homem pobre do sertão que vivia em sua área de influência a depender e a obedecer cegamente ao coronel. Os que se rebelavam pagavam caro por isso.

Os sociólogos e historiadores brasileiros deram a esse fenômeno o apropriado nome de coronelismo. Certamente a implementação do federalismo em um país tão grande e de tantas desigualdades foi um fator que favoreceu o coronelismo. Sem o controle e a fiscalização do governo, os poderosos locais valeram-se desse vácuo e da falta de tradição constitucional de suas regiões para aumentar ainda mais seus poderes, privilégios e riquezas. Foi no sertão do Nordeste, onde a pobreza, a seca e a violência do latifúndio contribuíram para a emergência de uma onda de banditismo que recebeu o nome de Cangaço, que o coronelismo ganhou uma feição mais dramática.

No governo de Hermes da Fonseca (1910-1914) foi feito um esforço no sentido de tirar os oligarcas do comando de alguns Estados. A "política das salvações", como foi chamada, se propunha a "moralizar os costumes e reduzir as desigualdades sociais", através de intervenções do governo federal em que os oligarcas seriam substituídos por militares. No Ceará, a tentativa de destituir a oligarquia Acioli, que desde 1892 detinha o poder, acabou provocando uma guerra. O padre Cícero, principal líder religioso do sertão cearense, era também aliado dos coronéis da região e prefeito de Juazeiro do Norte, cidade que existia quase que exclusivamente em torno do mito de santidade que o cercava. Franco Rabelo, o governador apoiado por Hermes da Fonseca, demitiu o padre da prefeitura. Insatisfeito, padre Cícero mandou homens armados invadirem e saquearem as cidades vizinhas. Tendo essas forças derrotado as forças mandadas pelo governo, marcharam para Fortaleza, forçando a renúncia do governador.

Minha avó Vitalina, a oligarquia Acioli no Ceará e o padre Cícero

Meu pai era menino quando os jagunços do padre Cícero atacaram Fortaleza. Muita gente fugiu da cidade, mas a família dele, que tinha acabado de chegar do Canindé, ficou, porque era muito pobre. Ele lembrava de ter visto um grupo de jagunços avançarem de punhal na mão, para cima de um parente dele que, bêbado, gritava pelas ruas: "Viva o coronel Franco Rabelo". Mas constatando que seu fervor político pelo governador deposto era efeito do álcool, deixaram-no em paz. Perto da casa de minha avô, morava um cabo da polícia, conhecido como cabo Sombra. Este sujeito que, como me contou meu pai era "um cabra muito sem-vergonha", denunciou minha avó Vitalina aos jagunços do padre Cícero dizendo: "Aquela mulher gosta de ler o jornal do Franco Rabelo". Os jagunços foram interrogá-la, mas a Mamainha, como nós, os netos, a chamávamos, não se atemorizou e lhes disse: "Eu aprendi a ler foi pra ler o que eu quisesse. Leio o jornal de um lado, leio o jornal do outro lado. O que aparecer para ler, eu leio".

O "bota-abaixo" e a modernização do Rio

Se os sertanejos de Canudos tinham saudades do tempo de D. Pedro II, dentre os políticos paulistas — alguns tinham pertencido ao conselho do imperador deposto — havia o sentimento de que era preciso dissociar a imagem da república brasileira daquelas repúblicas latinas nas quais os ditadores se sucediam. O regime monarquista criara no exterior a impressão de que o Brasil era uma nação estável e organizada. Era preciso mostrar ao mundo que o país se sustentaria na República tal como se sustentara na Monarquia, que éramos civilizados e tão bons quanto os europeus.

Como fazer isto, se os navios que chegavam no porto deixavam uma carga de mortos? O Rio de Janeiro, capital da República, não era uma cidade muita limpa, nem arejada. No verão, grassavam as moléstias. A partir dos estreitos caminhos da cidade velha, do morro do Castelo que a chuva lavava, a sujeira se espalhava pelas ruas do centro. Era preciso dar uma cara civilizada à capital federal e disso se ocupou o presidente Rodrigues Alves em seu quatriênio (1902-1906). Com o engenheiro Pereira Passos na prefeitura e Oswaldo Cruz comandando a saúde teve início uma grande transformação. O velho centro do Rio foi demolido para dar lugar a avenidas amplas e arejadas com modernos e suntuosos edifícios. Ao mesmo tempo, um enorme serviço de vacina e de fiscalização da higiene das habitações foi implementado.

O Rio de Janeiro emergiu dessa operação transformado e com ares de capital européia. Um novo porto embelezado e limpo, com amplos galpões, recebia agora os viajantes. A principal avenida da cidade, a avenida Central, tinha cafés, magazines, cinemas e teatros sofisticados. A avenida Beira-mar circundava a encantadora curva da baía de Guanabara, valorizando a imbatível paisagem do Pão de Açúcar.

A primeira década do século XX no Brasil foi marcada por inúmeras novidades, pois viu circular os primeiros automóveis, viu tornar-se rotineira a energia elétrica, o telefone, o automóvel e o gramofone. A imprensa seguia a mesma trilha de modernização com o surgimento de revistas coloridas e ilustradas por desenhos de caricaturistas talentosos e fotografias de alta qualidade. Era uma imprensa que tinha a cara alegre e arejada das grandes cidades brasileiras que adotaram o mesmo afã reformador do Rio de Janeiro.

São Paulo não pode parar

Das cidades brasileiras a que mais crescera e se transformara fora São Paulo. O dinheiro das fazendas de café, fonte maior da riqueza do Estado e do país, finalmente chegava à cidade, embelezando-a e diversificando a produção. A industrialização tirara São Paulo do marasmo em que estivera mergulhada até o final do século XIX, dando-lhe ares de metrópole. Fábricas surgiam e cresciam com grande velocidade incorporando a mão-de-obra dos imigrantes italianos, principal força de trabalho estrangeira que se estabelecera em São Paulo. Os italianos mudaram o estilo de vida, o tipo físico e o jeito do paulista falar. São Paulo, que fora dos bandeirantes mamelucos, agora era dos italianos, e muitos bairros surgiram com os nomes que eles lhe deram.

Mas São Paulo era também dos japoneses e eles formavam a segunda maior colônia de imigrantes que ali se fixaria. Outras levas de imigrantes foram vindo e ficando, pois a progressista

São Paulo atraía com as muitas possibilidades de trabalho e de enriquecimento. Era a nossa Nova York, a mais metropolitana de nossas cidades, e tinha sobre o Rio de Janeiro a vantagem de que sua riqueza era sólida, fruto da produção de suas fazendas e fábricas, sua elite não dependia da máquina administrativa como a da capital federal para garantir a opulência de seu modo de vida.

O self-made man: *cinema, magazines e remo*

O século XX marcou a definitiva abertura do Brasil para o mundo.

Continuávamos a imitar a Europa como quase sempre o fizeram todos os países ditos periféricos. Era nossa sina. Mas ainda assim íamos mudando para melhor. O modelo que nos inspirara durante o século XIX, era o francês. Durante aquele século todo o mundo sonhava em conhecer Paris; todo mundo queria se vestir de acordo com a moda francesa e as moças e rapazes de boa família deviam saber falar bem o francês. Os escritores franceses eram a grande referência para a intelectualidade brasileira. A loja mais famosa e mais chique do Rio ficava na rua do Ouvidor e se chamava Notre Dame de Paris.

Mas o destino do Rio de Janeiro, bela cidade litorânea, era o mar. Uma intensa vida esportiva teria início no começo do século XX em torno dos grandes clubes de regatas que começaram a surgir na cidade. Bem longe estávamos dos poetas tísicos do final do século XIX, como Álvares de Azevedo, Casimiro de Abreu e Castro Alves, que tanto sucesso faziam com a mocidade romântica de seu tempo. A onda agora era remar e jogar futebol. Os rapazes de boa família se dedicavam a esses esportes em clubes como: Flamengo, Botafogo e Fluminense. Tinham aspecto saudável e usavam roupas leves e claras que compravam nos grandes e modernos magazines da avenida Rio Branco. Aos poucos, o vestuário ia deixando de se inspirar em Paris para buscar os modelos usados pelos astros do cinema americano. Durante a primeira metade do século XX o eixo de influência cultural iria gradativamente mudar: o sucesso da América do Norte entusiasmaria os brasileiros.

O cinema americano, que começou a se difundir no Brasil a partir da Primeira Grande Guerra, influiu consideravelmente nessa mudança. Ao preconceito contra o burguês, trabalhando e amealhando dinheiro, e ao desprezo pelo modelo norte-americano de sociedade que sustentaram os literatos da virada do século XIX para o XX, sucedeu, depois da Primeira Grande Guerra, uma mudança de mentalidade que elegeria justamente o padrão do *self-made man* — do homem empreendedor, que conquistava seu espaço na sociedade fazendo fortuna através dos negócios — como modelo ideal a ser seguido.

Com a expansão da indústria e do comércio, as brasileiras começavam a entrar no mercado de trabalho, seguindo o exemplo das operárias italianas. Elas também sofreriam a influência do cinema americano para modificar o visual, adotando uma moda mais adequada ao cotidiano do trabalho. Saias e cabelos encurtariam progressivamente ao longo dos vinte primeiros anos do século.

A música popular roda na vitrola

A década de 1910, com um entreato da Primeira Guerra Mundial — coisa de estrangeiro que pouco nos afetara — marchava célere para o fim ao som da música popular que começava a tocar nas vitrolas, gravada nos discos de cera recém-inventados por Thomas Edison. Pois foi o samba o primeiro gênero de música a ser gravado por esse processo no Brasil. O samba que surgisse e fizesse sucesso na tradicional Festa da Penha em outubro se tornaria popular nos bailes da cidade do Rio de Janeiro ao longo dos meses seguintes até ir incendiar o Carnaval em fevereiro. A emergente indústria fonográfica viu logo que era dali que lhe viria o dinheiro e começou a gravar e a vender discos de sambistas. Ainda em 1916, foi gravado pela Odeon o samba "Pelo telefone".

Os autores dessas músicas eram quase sempre negros, remanescente dos antigos escravos que se estabeleceram nos bairros mais modestos da cidade. Ali formaram pequenas comunidades meio africanas meio brasileiras, muitas delas lideradas por velhas senhoras, as chamadas tias baianas, que cultivavam o candomblé, religião de seus antepassados africanos. Foi nos terreiros dessas casas simples que, ao som de instrumentos de percussão, nasceu o samba. Através do sucesso de suas composições, os autores emergiram para a fama em todos os cantos da cidade e suas músicas passaram a ser tocadas até mesmo nos salões elegantes. Foi o primeiro reconhecimento público e notório do valor da influência cultural dos descendentes de escravos africanos sobre a nossa cultura. Uma conquista de grande valor que se imporia cada vez mais dali em diante.

Tempo de revolução: os agitados anos 1920

Todas essas transformações que marcaram o começo do século XX no Brasil representaram modificações também na estrutura das cidades e na administração dos serviços públicos. O crescimento para os subúrbios foi causa e conseqüência da expansão dos meios de transportes. No século XIX, os veículos de tração animal eram mais lentos e tinham uma capacidade menor de circulação. O bonde elétrico e o automóvel aumentaram a velocidade e as possibilidades de deslocamento. Esse fenômeno e as reformas por que passaram os centros administrativos e econômicos das grandes cidades fizeram com que parte da população que morava ali se mudasse para a periferia. O surgimento de fábricas em regiões mais afastadas também contribuiu para que em torno delas surgissem vilas operárias e núcleos de comércio. Tudo isso contribuía para o crescimento de cidades como São Paulo e Rio de Janeiro. O que só seria possível com a ampliação das linhas de bonde na direção desses novos lugares.

A administração pública também se complicara. Era preciso gerir os serviços que atendiam a essa população espalhada. O quadro de funcionários dedicados a cuidar de cada um dos serviços públicos também se ampliava tanto nas repartições dos municípios e Estados quanto nas da União. E esse quadro ia se tornando cada vez mais especializado para fazer face à maior complexidade da administração. O mesmo se pode dizer do quadro de pessoal da indústria e do comércio que, além de operários e balconistas, exigia cada vez mais gerentes e contadores capazes de administrar negócios que se expandiam.

O Brasil tinha mudado e uma das características dessa mudança foi a emergência da classe média: as pessoas que ocupavam esses lugares intermediários. Elas também estavam no Exército, onde começaram a se tornar visíveis depois da Guerra do Paraguai. Era uma nova classe que ia emergindo sem que as velhas oligarquias cafeeiras se dessem conta. A *República do Café-com-Leite* — assim chamada porque o café era o produto tradicional de São Paulo e o leite o de Minas, os dois Estados que mandavam no país — começava a perder força. Até então, seus representantes vinham se alternando na Presidência a partir de negociações em que o presidente era escolhido antes mesmo da eleição. Era um jogo de cartas marcadas. E o café já não era mais tão poderoso como no começo. Muitas vezes o valor da safra dependia de artifícios para garantir que os plantadores não tivessem prejuízo. Ou seja, eram os impostos pagos pelos outros brasileiros que mantinham ricos os ricos cafeicultores. Com a diversificação das fontes de riquezas, outros grupos econômicos se achavam com direito a reivindicar sua parcela no poder.

Desta forma os anos 1920 começaram bem agitados no Brasil. Em 1921, a candidatura à Presidência acertada nos moldes dos conchavos típicos tradicionais era a do mineiro Arthur Bernardes. Mas entre os militares havia certa resistência ao seu nome. Resistência que se tornou total oposição depois que um jornal do Rio de Janeiro, o *Correio da Manhã*, publicou cartas supostamente assinadas por Bernardes em que ele atacava o marechal Hermes da Fonseca e o Exército, do qual Hermes era o maior nome.

Esse marechal, como contei antes, tinha sido presidente da República. Ele era sobrinho de Deodoro da Fonseca e fez carreira no Exército, chegando a ministro da Guerra do presidente Afonso Pena. Em 1910, Hermes se candidatou à Presidência da República, derrotando Rui Barbosa que denunciou as eleições como fraudulentas.

As eleições eram então chamadas de "bico-de-pena" porque os eleitores se apresentavam para votar e diziam ao mesário o nome do candidato que o anotava com uma pena que molhavam na tinta, a caneta de antigamente. Essa eleição em que o voto era aberto (e não secreto como hoje) tinha o inconveniente de submeter o eleitor aos coronéis que vigiavam para que seus candidatos fossem votados, além de poder modificar os livros depois. Eram eleições totalmente fraudáveis e parece que seu objetivo era esse mesmo pois o candidato da situação sempre ganhava.

O fato é que Hermes se elegeu, fez um governo desastrado e foi um presidente muito folclórico, alvo de caricaturas e anedotas. Deixou a Presidência em 1915 e o sistema voltou a funcionar como antes, elegendo presidentes ora paulistas, ora mineiros. Quando, em 1921, começou o processo de sucessão de Epitácio Pessoa, os velhos caciques se prepararam para repetir a receita. Mas, o caso das "cartas falsas" publicadas no *Correio da Manhã* indignou os militares que tinham em Hermes um símbolo do Exército.

Em 1922, o filho do marechal, capitão Euclides Hermes, que era o comandante da guarnição sediada no forte de Copacabana, liderou um movimento revoltoso que deveria contar com as forças de todos os fortes do Rio. Alertado com antecedência, o governo trocara os comandantes insubordinados, e quando a revolta começou, os demais fortes não aderiram. O forte de

Copacabana declarou-se em estado de rebelião e respondeu aos apelos do governo dizendo que não se renderia. Internamente foram consultados os soldados e, dos 301, 272 escolheram deixar o forte e se render.

Representando os revoltosos, Euclides Hermes foi ao Palácio do Catete negociar com o governo. Ali lhe foi dada voz de prisão. Os oficiais a ele subordinados resolveram então, num gesto de heroísmo quixotesco, marchar de peito aberto pela orla de Copacabana ao encontro das forças que tinham sido mandadas para debelar a revolta. Dos 29 que seguiram nessa marcha suicida alguns debandaram pelo caminho, chegando ao final apenas dezoito. Destes, tombaram mortos seis soldados e um civil, Otávio Correia que aderira ao movimento no caminho. Os líderes Siqueira Campos e Eduardo Gomes foram feridos.

A Revolta dos 18 do forte de Copacabana seria um episódio isolado na História se, depois dela, não acontecessem ao longo da década outras tantas rebeliões militares, das quais, a mais famosa, daria origem à Coluna Prestes e a mais bem-sucedida culminaria na Revolução de 1930.

As mudanças sociais, econômicas e políticas da década de 1920 aconteciam em um ambiente altamente ideologizado. O que é isto? Você pode me perguntar. É um ambiente onde as pessoas com idéias políticas de diversas tendências estão em uma fase de especial entusiasmo por elas. Por exemplo, no Brasil, os católicos eram a maioria. Isso era uma realidade que, como você viu, vinha desde Cabral. A Igreja esteve sempre associada ao Estado, da colônia até o final do Império. Com a República, a Igreja foi separada do Estado não sem muitas queixas de padres e bispos. Na década de 1920, intelectuais católicos, padres e leigos se uniram em um movimento de valorização da Igreja sediado no Centro Dom Vital. Esse centro teria enorme influência na vida brasileira daí em diante, pois reunia o que havia de melhor no mundo católico. Trata-se menos de uma questão de fé do que de uma militância política em defesa de princípios católicos, mas também do papel estratégico da Igreja Católica no Brasil. Era um pensamento conservador que, na década seguinte, encontraria expressão política organizada na Ação Integralista Brasileira, AIB, da qual falarei mais adiante.

Ao mesmo tempo, desde que o operariado começara a se organizar na década anterior, idéias anarquistas, socialistas e comunistas que estavam associadas a esses movimentos na Europa, também passaram a circular nos diversos impressos que o movimento operário produzia. Se os anarquistas foram praticamente eliminados da cena política brasileira com a deportação dos operários italianos, que eram seus principais representantes, os comunistas conseguiram fundar, em 1922, um partido que, embora pequeno, tinha grande importância simbólica no contexto do comunismo internacional, pois representava a abertura de uma nova fronteira para a difusão de seus princípios.

O impacto dessas mudanças também se faria sentir no mundo das artes. Foi sob a influência dos novos movimentos artísticos que sacudiam as artes na Europa que jovens poetas, escritores, músicos e artistas, liderados por dois paulistas, Mário de Andrade e Oswald de Andrade, realizaram a Semana de Arte Moderna de 1922. Eles consideravam ultrapassada a arte produzida pela geração que tivera no poeta Olavo Bilac e no escritor Coelho Neto seus maiores representantes e que marcara a nossa *belle époque*: um estilo de arte, literatura e modo de vida que caracterizou a transição do século XIX para o XX .

Mas, do ponto de vista das transformações estéticas que se verificavam no mundo, o modernismo brasileiro não representava algo assim tão ousado. O que seria a marca de novidade desse movimento seria a adoção dos elementos da nossa realidade como fatores de inspiração estética e o reconhecimento da importância do papel do negro e do índio como fundamental para a definição de uma cultura genuinamente brasileira. Deste ponto de vista, o modernismo brasileiro foi o formidável avanço que influenciou a cultura brasileira de forma definitiva, promovendo pela primeira vez, de forma totalmente assumida, a mestiçagem de elementos da cultura popular a elementos da cultura erudita. Seus principais idealizadores tiveram sensibilidade para amar sem pudor a música e a arte de origem popular. Foi com o Movimento Modernista que o país começou a buscar dentro de si, suas peculiaridades.

Os cangaceiros e sua avó Dolores

Cangaceiro era o nome que se dava no Nordeste a um tipo de criminoso que, desde o século XIX, andava pelo sertão, sempre em bando, atacando cidades e fazendas, roubando, maltratando e matando as pessoas. Os cangaceiros viviam acampados, fugindo da polícia, mas eventualmente atuavam como jagunços contratados por fazendeiros ou políticos. Muitos deles eram camponeses pobres que enveredavam pelo mundo do crime depois de perder a terra ou sofrer algum tipo de violência por parte dos coronéis ou da polícia. Tendo que se embrenhar na caatinga para escapar da perseguição, acabavam aderindo a alguns dos bandos de cangaceiros. Para os meninos pobres do sertão, virar cangaceiro era virar alguém poderoso que, em vez de passar a vida com medo da polícia e dos coronéis, passava a fazer medo a eles todos.

O cangaceiro mais famoso foi Virgulino Ferreira da Silva, o Lampião.

No final da tarde do dia 26 de setembro de 1928, um grupo de cangaceiros do bando de Lampião atacou Cajazeiras, a cidade onde minha mãe, Dolores, passou a infância e a mocidade. Um deles tinha sido empregado de um casal de comerciantes e voltava para se vingar de maltratos sofridos. Felizmente, antes da chegada dos cangaceiros, o casal já tinha fugido. O bando entrou na cidade de tardinha pelo lado onde moravam as famílias de mais recursos. Surpreenderam algumas pessoas que estavam, como de hábito, conversando na calçada com os vizinhos em suas cadeiras de balanço. Os cangaceiros pediram os anéis, os colares, terços e, aos que estavam com dificuldade de tirar as alianças, ameaçavam: "Tira logo, se não vou cortar o dedo".

De lá, o bando veio descendo e entrou na cidade. Todo o mundo correu para dentro de suas casas e se trancou. Minha mãe me disse que eles tinham uma arma chamada corrupaché que atirava sem parar. O tiroteio maior foi no centro, porque o povo de Cajazeiras reagiu aos cangaceiros. Todo mundo tinha arma naquele tempo, e havia na cidade um açougueiro que atirava muito bem. Ele foi com dois outros companheiros para o alto da torre da igreja, e de lá, começaram a atirar espantando o bando. Os cangaceiros saíram da cidade pelo lado do cemitério e, no caminho, mataram um alfaiate, coitado, que meteu a cabeça na janela para olhar. Quem comandou esse ataque a Cajazeiras foi Sabino, a segunda pessoa de Lampião. Porque Lampião costumava dividir o bando, mandando cada grupo para uma missão diferente. Sua avó Dolores tinha 14 anos quando assistiu a essa cena.

Lampião entrou no cangaço lá pelo ano de 1922. Em 1926, quando já se tornara famoso e temido no sertão, esteve em Juazeiro e foi muito bem recebido pelo povo da cidade. O padre Cícero, ordenou à polícia que não o perturbasse e o nomeou Coronel. Foram-lhe dadas armas e munição para que ele ajudasse o governo a combater a Coluna Prestes que andava pelo Brasil afora pregando a revolução. Lampião ficou com as armas, mas não foi atrás da Coluna. Sua carreira de crimes no entanto só se encerrou quando ele morreu em 1938, acossado pela polícia.

Capítulo 4

A Nova República

A Revolução de 1930

O final da década de 1920 marcou também o final da República Velha. Tanta mudança, tanta agitação, tanta novidade foram tornando obsoleto o modelo e os seus princípios. A crise econômica de 1929, que abalou o mundo capitalista, arruinou os Estados Unidos e liquidou a economia cafeeira no Brasil, facilitou o sucesso da Revolução de 1930. Uma nova elite ia entrar em cena, mas quem ocuparia a maior parte do palco e por muito tempo seria um gaúcho baixinho e simpático chamado Getúlio Dorneles Vargas.

Certamente você já ouviu falar dele. Vargas foi o político mais importante para o Brasil do século XX e também o que ficou mais tempo no poder. O que podemos dizer de Getúlio Vargas? É difícil de explicar, tamanhas são as suas contradições. Certamente não podemos dizer que ele era um homem bondoso, mas também não podemos dizer que ele era assustador, que metia medo nas pessoas que dele se aproximavam. Não podemos dizer que ele era um intelectual inteligentíssimo, cultíssimo. Era inteligente, culto, mas era principalmente muito esperto. Também não podemos dizer que era um desonesto que roubou muito e que seu governo causou muitos danos ao Brasil. Ao contrário, em seu governo o Brasil progrediu muito.

Acho que estudar Getúlio Vargas é uma boa maneira de entender a política. Entender que a política é feita de muitas contradições, que é um jogo pesado que envolve muitos interesses e muitos jogadores nem sempre confiáveis. Ou nunca totalmente confiáveis. A política exige muita astúcia de quem se mete nela e Vargas era certamente um homem muito astucioso, como se dizia antigamente.

Ele chegou de mansinho. Fora ministro de Washington Luís e o candidato derrotado à Presidência. Sua candidatura já fora sinal do enfraquecimento da aliança entre São Paulo e Minas que dominava a política brasileira desde o começo do século. Os dois aliados brigaram na hora de escolher o sucessor de Washington Luís e Minas decidiu apoiar um candidato de fora do eixo, investindo na candidatura do gaúcho Getúlio Vagas. Ele perdeu as eleições para Júlio Prestes, mas seus aliados não se conformaram, até porque sabiam como eram eleitos os presidentes no Brasil e decidiram pela revolução. Depuseram o presidente Washington Luís em outubro de 1930, declararam ilegais as eleições e compuseram uma junta de governo provisória que logo passou o poder para Vargas.

Era para ser uma solução provisória e muitos dos que apoiaram Vargas sonhavam em logo estar ocupando o seu lugar. Ledo engano, Vargas viera para ficar. Dois políticos importantes que estavam na fila para sucedê-lo, Lindolfo Collor e Adolfo Bergamini, quando se deram conta disso romperam com ele e deixaram o governo em 1932. Os outros se compuseram. Quem não se compôs de jeito nenhum foi São Paulo, que naquele mesmo ano pegou em armas contra o governo Vargas. Apesar do que então foi divulgado, a Revolução Constitucionalista de 1932 não tinha um caráter separatista. São Paulo queria a saída de Vargas e uma nova Cosntituição para o Brasil. Os paulistas foram derrotados mas, em 1934, foi promulgada a Constituição e, através de eleição indireta, Vargas foi eleito para a Presidência da República.

A Era Vargas

Seu poder foi crescendo gradativamente. Era um homem silencioso, discreto e muito simpático. Hábil e controlado, com uma presença forte e carismática, não se sabia muito bem quais eram os seus planos, mas vindo do Rio Grande e sendo filho da cultura política de lá, tinha na base de suas idéias o mesmo positivismo que animara os militares fundadores da República no Brasil. Portanto, a idéia de um governo forte para dar jeito no país certamente não lhe era antipática. Mas Vargas também era, como ele mesmo dizia, um homem das oportunidades e completava: "se um cavalo passar selado na minha frente, eu monto". O cavalo que passara fora a Revolução de 1930. Ele não só o montara como saberia se manter na lua da cela por muitos anos.

As tendências políticas e culturais que tinham agitado os anos 1920 chegaram aos 1930 amadurecidas. Os católicos, em sua maioria, tinham se aliado ao movimento integralista liderado por Plínio Salgado. A Ação Integralista Brasileira (AIB) foi, durante boa parte daquela década, a maior força política organizada do país. Suas idéias nacionalistas e conservadoras recebiam a simpatia da classe média católica que via no comunismo a grande ameaça às tradições da família brasileira. Os comunistas, por sua vez, atraíram para o movimento muitos militares, dos quais o mais representativo era o capitão Luís Carlos Prestes, que liderara junto com Miguel Costa a Coluna Prestes. Essa peculiar força paramilitar percorrera o sertão brasileiro sem um objetivo muito preciso, além de combater as forças do governo da República Velha. Alguns de seus membros aderiram à Revolução de 1930 e figuraram no governo Vargas. Outros, como Prestes, abraçaram as idéias marxistas e foram engrossar as magras fileiras do Partido Comunista Brasileiro.

Os artistas e intelectuais que figuraram no movimento modernista dos anos 1920 também trariam sua colaboração ao novo quadro político. Uma das vertentes do modernismo foi a valorização do que era autenticamente nacional e as questões de estética que a ela estavam relacionadas. Essa visão da cultura brasileira se impôs no novo discurso oficial. Entre os homens inteligentes que tocariam a administração pública naquela década estavam muitos modernistas. O maestro Heitor Villa-Lobos seria o mentor de um projeto de valorização do repertório musical folclórico brasileiro através do ensino do canto coral nas escolas. Era uma idéia cara ao paulista Mário de Andrade, que a implementaria em São Paulo quando também passasse a figurar nos quadros dos intelectuais que davam forma à cultura oficial daquele Estado.

Mário de Andrade também seria o inspirador de uma das mais importantes obras culturais do período Vargas. O projeto de criação do SPHAN, Serviço do Patrimônio Histórico e Artístico Nacional, teve sua influência direta. Para descobrir e valorizar as matrizes do que era autenticamente brasileiro em nossa cultura, era então muito importante ir a Minas e ver as obras de Aleijadinho. Aquele mesmo Aleijadinho de que falamos lá atrás, lembra? Um artista representativo do momento fundador da cultura brasileira, aquele que antecedeu a Inconfidência Mineira. Mário também achava importante descobrir e valorizar outros lugares que fossem característicos dessa arte mestiça que combinava a tradição cultural católica com a inspiração dos caboclos e mulatos brasileiros.

E foi o SPHAN, esse órgão importantíssimo para a nossa história cultural, que garantiu que nosso patrimônio histórico e artístico fosse descoberto, identificado e salvo da destruição por meio de decretos de tombamento. Palavra engraçada, não é? Mas tombar é o mesmo que registrar as coisas de valor histórico ou artístico que, a partir desse registro, não podem de maneira alguma serem destruídas ou modificadas. É por causa dos tombamentos e da ação fiscalizadora do SPHAN que o Brasil conserva até hoje cidades lindas como Ouro Preto, Tiradentes, Olinda, Goiás Velho e Missões.

O Brasil passou por uma verdadeira revolução na década de 1930: constituiu uma indústria, incorporou o resto do país ao processo produtivo, constituiu-se num corpo político articulado. Novas teorias se fizeram necessárias para pensar este novo Brasil. Brasil irremediavelmente mestiço. Um certo ufanismo artificial orquestrado pelo Estado marcou também esta incrível década. O fato é que o fortalecimento do Estado nacional contribuiu para a constituição definitiva do sentimento de nacionalidade.

Muito do Brasil que se conhece hoje surgiu ali. Muito da música popular que se canta até hoje nasceu naquele momento com os grandes programas de rádio. Estrelas como Carmen Miranda, Francisco Alves, Silvio Caldas, Mario Reis, as irmãs Batista e Aracy de Almeida despertaram para a fama naquela década. Compositores importantes como Lamartine Babo, Ary Barroso e Braguinha produziram suas melhores criações naquele período. E tudo isso tocava no rádio, brilhava nos shows nos palcos dos cassinos, animava os bailes de carnaval em um momento em que a vida social e cultural da capital federal foi especialmente animada, variada e excitante.

No mundo das letras também surgiam e brilhavam autores que iriam compor a galeria dos grandes escritores brasileiros do século XX. Era a fase do romance regional em que se distinguiram José Lins do Rego, José Américo de Almeida, Rachel de Queiroz, Jorge Amado e Graciliano Ramos. No plano do pensamento sociológico, duas das mais importantes obras sobre o Brasil foram publicadas: *Casa-grande e senzala*, de Gilberto Freyre e *Raízes do Brasil*, de Sérgio Buarque de Holanda.

Um jeito de ser brasileiro, uma literatura brasileira contemporânea, um teatro brasileiro, um cinema brasileiro, uma arte brasileira, enfim a configuração de um *ethos* cultural brasileiro se consolidou a partir de 1930. Mas a consagração do elemento negro como traço fundamental da nossa cultura brotou espontaneamente da sociedade e só veio mesmo a se confirmar com o surgimento da mídia. O rádio, o cinema e a indústria fonográfica, consagraram a música popular e o carnaval, coisas nossas que ainda hoje são a cara do Brasil que se vê aqui e lá fora.

Pedro Ernesto, os comunistas e os integralistas

Outra coisa interessante do governo Vargas foi a maneira como ele soube usar a propaganda para se tornar popular. É verdade que ele se inspirou na experiência do prefeito Pedro Ernesto. Esse prefeito foi muito importante para a História do Rio de Janeiro. Ele assumiu a prefeitura em 1932 e no curto período de três anos fez coisas incríveis. Criou inúmeros hospitais e postos de saúde por toda a cidade, democratizando e difundindo o atendimento à população. Criou também escolas de excelente qualidade, planejando cuidadosamente onde deveriam ser instaladas de forma a não deixar nenhuma parte do Rio sem escola. Ele percebeu que o carnaval carioca tinha um grande potencial para atrair os turistas e fez com que se tornasse a festa oficial da cidade. Outra coisa que Pedro Ernesto fez foi usar muito o rádio para divulgar os trabalhos da prefeitura. Em seu curto governo ele ainda conseguiu criar uma universidade tão bacana — a Universidade do Distrito Federal — que foi a experiência de ensino superior mais de vanguarda daquela década.

As iniciativas de Pedro Ernesto na área educacional, no entanto, foram duramente combatidas pela Igreja. Seu secretário de Educação, Anísio Teixeira, era um homem brilhante, de formação católica, mas que achava que o ensino deveria ser laico. Ou seja, nada de religião na escola. Ora, apesar de no Brasil republicano a Igreja estar separada do Estado, as escolas continuavam a ter em seus currículos o ensino religioso obrigatório. Os intelectuais católicos organizados no Centro Dom Vital deram intenso combate às idéias de Anísio, acusando-o de ser comunista. O que ele não era. Dentro do governo Vargas havia muitos conservadores e integralistas e esse pessoal também não estava gostando nada da atuação de Pedro Ernesto. A situação do prefeito se agravava pelo fato de seu filho, o médico Odilon Batista, ser membro do Partido Comunista.

Em 1935, os comunistas resolveram que estava na hora de fazer uma revolução no Brasil. O desastrado levante da Praia Vermelha, no Rio de Janeiro, foi o pretexto que os setores mais reacionários do governo Vargas precisavam para iniciar uma violenta repressão ao Partido Comunista. Nessa tarefa distinguiu-se pelo rigor, o chefe de polícia, Filinto Muller. A descrição das torturas a que foram submetidos alguns dos presos políticos, a prisão de muitos intelectuais brasileiros e a entrega da mulher de Prestes, a judia alemã Olga Benário Prestes, aos nazistas compõem a face mais sombria da Era Vargas. Nessa conjuntura, Vargas aproveitou para se livrar do incomodamente popular Pedro Ernesto, que acabou sendo afastado da prefeitura e preso por Muller como suspeito de envolvimento no levante da Praia Vermelha.

Grande colaboração deram os integralistas ao governo na repressão aos comunistas. Plínio Salgado, o líder do integralismo, acreditava que seu destino era substituir Vargas na sucessão que estava prevista para acontecer em 1937. Sua liderança incontestе sobre os integralistas e o crescimento cada vez maior de seu partido faziam dele o líder político mais popular do Brasil. Ele achava que isso impressionaria Vargas e o confirmaria como herdeiro. Mas Vargas tinha outros planos.

O golpe do Estado Novo

O fato é que em 10 de novembro de 1937 no lugar de eleições o que tivemos foi um golpe de Estado. Sob o pretexto de que fora descoberto um plano comunista revolucionário, Vargas fechou o Congresso e criou o Estado Novo tendo por base uma Constituição de molde fascista. O golpe foi apoiado por forças conservadoras, das quais faziam parte militares de alta patente e intelectuais de direita não filiados ao integralismo, mas que simpatizavam com os movimentos reacionários europeus. O Estado Novo implantou no Brasil uma ditadura nos moldes das que estavam em curso na Itália, na Espanha e em Portugal. Os meios de comunicação foram censurados, as atividades políticas foram reprimidas e os inimigos do governo foram presos.

O golpe também arruinou com as esperanças de Plínio Salgado e de seus seguidores. Em vez de passar o governo aos fascistas nativos, Vargas preferira fazer de si mesmo o líder da ditadura brasileira. Uma das primeiras medidas do novo governo foi colocar a AIB, assim como todos os outros partidos, na ilegalidade. Inconformados, alguns integralistas empreenderam, em março de 1938, aventura ainda mais temerária que a dos comunistas em 1935: realizaram um ataque armado à residência oficial de Vargas, o Palácio Guanabara. O ataque foi sufocado e os integralistas foram reprimidos com o mesmo rigor que os comunistas. Muitos deles foram presos e torturados.

Sem ninguém mais nos calcanhares, Vargas pôde se dedicar a seu projeto nacionalista. A receita misturava elementos do fascismo de Mussolini, que governava então a Itália com algumas políticas trabalhistas e sociais do presidente dos Estados Unidos, Franklin Dellano Roosevelt, e grande doses de propaganda política como faziam todos os lideres populistas da época. Ao mesmo tempo, o projeto econômico que empreenderia estava voltado para o desenvolvimento industrial e para a autonomia do Brasil frente aos produtores internacionais. Sendo sobretudo um nacionalista, Vargas queria que o Brasil não dependesse do aço dos estrangeiros para fazer avançar a industrialização. Os grandes projetos do período foram a criação da Companhia Siderúrgica Nacional; da Companhia Vale do Rio Doce; do Conselho Nacional do Petróleo e da Companhia Hidrelétrica do Vale do São Francisco.

Apesar das aparentes ligações de Vargas com os governos totalitários, foi em 1941 que o Brasil recebeu a visita de Walt Disney e teve inicio a política de boa vizinhança com os Estados Unidos. Vizinhança tão boa que o maior patrimônio da música popular brasileira, Carmen Miranda, que fora para lá em 1939, acabou por se tornar um ícone da cultura norte-americana, uma estrela de Hollywood. A visita de Disney rendeu um lindo desenho animado onde a música brasileira é o principal elemento: *Alô, amigos.*

No ano seguinte, o Brasil rompeu com os países do chamado Eixo: Alemanha, Itália e Japão. Em represália, navios brasileiros foram bombardeados por submarinos alemães e isso empurrou o Brasil para a guerra do lado dos Aliados. Boris Schnaiderman conta em seu livro *Guerra em surdina* que os soldados brasileiros, que, no curso da batalha, demonstraram grande valor militar, no começo não tinham o menor estímulo para lutar naquela guerra. Eles eram em sua maior parte gente de origem e de cultura bem modestas e culpavam o ministro das Relações Exteriores, Oswaldo Aranha, de tê-los metido na guerra. Acreditavam que Vargas não tinha nada a ver com isto e que o presidente ia mandar que eles voltassem para casa a qualquer momento. Vargas tinha definitivamente fixado sua imagem de pai dos pobres.

Nássara e a marchinha premonitória

Eu tive um amigo sensacional que se chamava Antonio Gabriel Nássara. *Ele era talentosíssimo, e eu o conheci já na velhice, mas ainda com grande vivacidade e talento para contar histórias. Nássara foi um caricaturista e compositor popular muito conhecido nos anos 1930. Suas músicas faziam enorme sucesso e ele lançou marchinhas de carnaval que até hoje são cantadas nos bailes da vida. Naquele tempo eram comuns os concursos de marchinhas e ele ganhou vários. Em 1937, foi o vencedor de um concurso promovido pelo jornal* A Noite. *O prêmio seria dado ao autor da melhor composição que trabalhasse com o tema das eleições de janeiro de 1938 para a Presidência. Nássara foi premiado com uma marchinha que começava em ritmo de canção de roda com um verso que dizia:* A menina Presidência vai rifar seu coração. E já tem três pretendentes todos três chapéu na mão. *A esse começo meio arrastadinho se seguia a marchinha propriamente dita que dizia:* "o homem quem será, será seu Manduca ou será seu Vavá, entre esses dois meu coração balança porque na hora h quem vai ficar é seu Gegê". *Os dois candidatos mencionados eram o gaúcho Oswaldo Aranha, o seu Vavá e o paulista Armando Salles de Oliveira, seu Manduca. Havia ainda um outro político no páreo que era o paraibano José Américo de Almeida, que não entrou na música. Mas quem acertou mesmo foi o Nássara, que em sua música antecipava a intenção de Vargas, seu Vavá, de continuar no poder.*

Dutra e a queima das nossas divisas

Com o final da guerra em 1945 os ditadores ficaram obsoletos e Vargas foi deposto. Foram marcadas eleições para a Presidência e para uma assembléia nacional constituinte. Era preciso refazer a Constituição. Os tempos eram liberais, os Estados Unidos ainda estavam em paz com a União Soviética, da qual foram aliados na guerra e o Partido Comunista Brasileiro elegeu alguns deputados constituintes. O novo presidente, o marechal Eurico Gaspar Dutra fora o candidato de Vargas. Durante a campanha circulara até uma caricatura de Vargas dizendo: *"Meu candidato é o Eurico. Mas qualquer coisa mudo uma letra e eu fico"*. Na verdade, Dutra fez um governo totalmente em desacordo com o de seu antecessor e completamente de acordo com o que determinava a cartilha dos Estados Unidos para a América do Sul.

Durante a Segunda Guerra, a falta de vários produtos que eram originalmente produzidos nos países industrializados envolvidos no conflito, Estados Unidos, Inglaterra, Alemanha, França e Itália, tiveram que ser substituídos por produtos nacionais. Isso beneficiou vários ramos da indústria brasileira, que se desenvolveu e expandiu muito no período. Como resultado, o Brasil acumulou o dinheiro que teria gastado em importações.

Mas, com o governo Dutra, a abertura irrestrita do mercado provocou uma enxurrada de supérfluos importados — de baixo preço porque pouco taxados — que atulharam o mercado, arruinaram as pequenas e médias empresas brasileiras que apenas começavam a se firmar e acabaram com nossas divisas. Dizia-se que tudo teria sido gasto na compra de chicletes e iôiôs. O capital que fora acumulado durante a guerra pela política de substituição de importações foi dilapidado. O governo Dutra submetera-se à pressão dos países desenvolvidos que não queriam que nos desenvolvêssemos. Preferiam que nos mantivéssemos como uma economia e uma sociedade periféricas, produzindo matéria-prima para as suas indústrias e que continuássemos comprando deles.

A volta de Vargas

Getúlio Vargas foi novamente eleito presidente em 1951. Voltava como prometera, nos braços do povo. E, aparentemente, desta vez, sem máscaras nem subterfúgios, assumiria o seu nacionalismo de forma corajosa. A principal bandeira desse seu segundo governo foi "o petróleo é nosso" com base na qual foi criada a Petrobras.

Havia então no mundo um grande interesse — como há ainda hoje, aliás — na exploração do petróleo. Era o ouro negro que fazia rodar os automóveis, principal meio de locomoção da atualidade. Tanto as grandes fábricas de automóvel como as principais empresas exploradoras de petróleo ficavam nos Estados Unidos. Esses grupos queriam garantir o controle sobre a exploração do petróleo no resto do mundo. Através do enorme poder que os

Estados Unidos conquistaram depois da guerra, as indústrias americanas pressionavam para controlar a produção e os mercados dos outros países.

No Oriente, a disputa dos americanos seria contra outra grande nação que também emergira do conflito muito poderosa, a URSS, União das Repúblicas Socialistas Soviéticas. Esta última era uma federação de nações lideradas pela Rússia, que se tornara um país comunista em 1917. O comunismo, baseado nas idéias de Karl Marx, pregava, entre outras coisas, o fim do capitalismo, a socialização dos meios de produção, o materialismo e a distribuição igual das riquezas. Sua meta era fazer com que nenhum homem fosse mais rico que o outro. Disputas em torno das formas pelas quais o comunismo deveria ser implementado causaram os chamados "rachas" entre os comunistas, que se dividiram em várias tendências. Na União Soviética, o comunismo assumiu a forma de uma ditadura e Joseph Stalin, seu principal líder durante a primeira metade do século XX, se valeu de métodos tão cruéis e violentos quanto os dos nazistas para se livrar dos inimigos. A polícia secreta russa, a KGB, deixou uma legenda de crimes. Milhares de pessoas foram presas, torturadas e mortas durante o longo governo de Stalin (1922-1953).

Valendo-se de argumentos ideológicos que apontavam todos os comunistas como inimigos da democracia, ateus, contrários aos valores tradicionais das famílias do Ocidente, os Estados Unidos intensificaram sua ação nos países periféricos para impedir o crescimento da influência ideológica do rival e com ela, sua influência econômica. Começou então uma disputa silenciosa e contínua entre os dois grandes países que entrou para a História com o nome de Guerra Fria. Não houve enfrentamento direto entre URSS e Estados Unidos. As guerras aconteciam no interior de países periféricos como a Coréia, o Vietnã e o Camboja e envolviam forças locais que representavam ideológica e economicamente as duas nações hegemônicas.

O Brasil e os demais países das Américas ficavam na área de influência dos Estados Unidos. Eram seus vizinhos e se a região passasse a ser controlada pelo russos, se tornaria uma ameaça direta à sua segurança. A política que os Estados Unidos adotaram para os países latinos foi a de um grande irmão branco, protetor, solidário mas dominador. Ninguém nas Américas tinha força para enfrentar a força do poderio armado dos Estados Unidos. O Brasil, que era o país mais rico da região, era ainda assim um país pobre cujo processo de fortalecimento econômico fora interrompido durante o governo Dutra.

A determinação com que Vargas se lançou na campanha pela defesa do petróleo brasileiro foi a causa de sua desgraça. A Petrobras e todas as outras políticas voltadas para proteger as riquezas de nosso subsolo contrariavam interesses internacionais poderosos que tinham representantes no Brasil. O partido que emergira durante o curto reinado da queima de divisas de Dutra, a UDN, patrocinada por grupos estrangeiros e associada à grande imprensa, promoveria durante todo o governo Vargas uma violenta campanha de difamação do presidente e de seus aliados.

Vargas não era um comunista, mas sabia que sua base de apoio era a classe trabalhadora. Ele se tornara muito popular em seu primeiro e longo governo com o estabelecimento da legislação trabalhista, a criação dos sindicatos e dos serviços de previdência. O trabalhismo se organizara em um partido, o PTB, e o ministro do Trabalho de Vargas, João Goulart, membro daquele partido, seria levado a renunciar depois de ter concedido um aumento de 100% sobre o valor do salário mínimo.

A violenta campanha contra Vargas, baseada em supostos escândalos de corrupção e veiculada pelos grandes jornais brasileiros, enfraqueceu seu governo. No curso dessa campanha, o jornalista Carlos Lacerda, que era o principal porta voz da oposição, foi vítima de um atentado. Seus autores foram depois identificados como membros da segurança pessoal de Vargas e ligados ao irmão mais novo do presidente. No atentado da rua Toneleros, morreu um major da Aeronáutica que acompanhava Lacerda. A Aeronáutica instaurou um inquérito que foi acompanhado com grande estardalhaço pela imprensa. Com o agravamento da crise, os ministros de Vargas aconselharam sua renúncia. Ele disse que só morto deixaria o Catete. E, na madrugada de 24 de agosto de 1954, depois de uma longa reunião em que considerara a hipótese de se licenciar da Presidência, se matou com um tiro no peito em seu quarto no Palácio do Catete.

Foi uma comoção nacional. A carta que deixou é um dos mais belos documentos da História do Brasil. Nela, Vargas fala das pressões que sofreu e dos motivos dos que estavam interessados em derrubá-lo. Fala de seu amor pelo povo brasileiro, concluindo: *Eu vos dei a minha vida. Agora vos ofereço a minha morte. Nada receio. Serenamente dou o primeiro passo no caminho da eternidade e saio da vida para entrar na História.*

Cinqüenta anos em cinco e o Rio deixa de ser a capital federal

A morte de Vargas abalou a política brasileira e deu a nota dramática que faltava à nossa História. No ano seguinte morreu Carmen Miranda. Duas mortes que devem ser pensadas juntas, pois marcavam o fim de uma era. A era do teatro de revista, das marchinhas e do nacionalismo apaixonado. Depois disso, só o futebol durante os jogos de Copa do Mundo conseguiria entusiasmar todo o Brasil.

A eleição do sucessor foi marcada por tentativas de golpe dos mesmos que haviam levado Vargas ao suicídio. Mas não havia clima para tanto. Mesmo entre os militares havia alas fortemente nacionalistas que se identificavam com os projetos do presidente morto e que eram a favor da legalidade constitucional. Para a Presidência foi finalmente eleito um mineiro simpaticíssimo chamado Juscelino Kubitschek de Oliveira. Era um homem dos novos tempos, do avião, da bossa nova — o ritmo musical então na moda — e de Brasília. A nova capital que construiria a partir de um projeto baseado nas mais avançadas teses do urbanismo de dois grandes arquitetos, Lúcio Costa e Oscar Niemeyer.

Homem da velocidade e do dinamismo, JK prometeu fazer em cinco anos o que normalmente se faria em cinqüenta e deu a esse projeto o nome de Plano de Metas. Seu governo foi marcado por uma onda de progresso em que tiveram destaque os grandes avanços nas indústrias automobilística e naval. Foram construídas usinas hidrelétricas, como Furnas e Três Marias, e abertas grandes rodovias. No entanto, o crescimento econômico da Era

JK se fez à custa de um significativo aumento da dívida pública. E o empréstimo que o Brasil fez com o FMI para financiar a indústria automobilística de São Paulo e a construção de Brasília contribuiu para isso. Se o governo de Juscelino foi marcado pelo permanente compromisso com a democracia, pela conciliação e pelo diálogo, traços pessoais do presidente, o foi também pela queda no valor dos salários, pelo desmonte da rede ferroviária nacional em benefício da indústria automobilística e pelo início da escalada da inflação e da dívida externa.

Turbulências e o golpe de 1964

Foi em Brasília que JK passou o governo a seu sucessor, Jânio Quadros. Figura controvertida, Jânio era um político populista sem conexões com a esquerda ou com seus projetos. Ele investiria numa campanha que apelava para o moralismo da classe média, impressionada pelas grandes manchetes dos jornais acerca da corrupção dos políticos. Seu símbolo era uma vassoura e o excelente *jingle* a ele associado dizia: "*varre, varre vassourinha varre a bandalheira, que o povo já está cansando de sofrer tanta sujeira. Jânio Quadros é a esperança desse povo abandonado.*" Mas Jânio delirou com a popularidade e, numa manobra arriscada, confiante que seria reconduzido ao cargo pelo povo, renunciou em seis meses. Não se sabe exatamente o que passou por sua cabeça, mas o fato é que o povo morava muito longe de Brasília e os deputados que estavam ali pertinho, no Congresso, aceitaram sua renúncia sem pestanejar e ele deixou mesmo a Presidência.

Seu vice era João Goulart, o Jango, aquele mesmo que fora ministro do Trabalho de Getúlio e que concedera um aumento de 100 % sobre o salário mínimo provocando a grita dos empresários. Jango era visto pela direita como um homem de esquerda e os ministros militares tentaram impedir que tomasse posse. Seu cunhado era o governador do Rio Grande do Sul, Leonel Brizola que, de lá, comandou a Campanha da Legalidade, mobilizando instituições de todo o país para garantir a posse de Goulart. Através de um acordo o Congresso votou às pressas uma mudança no sistema de governo do Brasil, que passou de presidencialismo para parlamentarismo e Jango pôde tomar posse em setembro de 1961. Pouco depois, no entanto, através de consulta popular, um plebiscito, o povo escolheu o presidencialismo como a forma de governo que preferia, e Jango se tornou presidente de fato.

O projeto de Jango para o país recebeu o nome de Programa de Reformas de Base e se propunha a impulsionar o desenvolvimento através de uma série de reformas: agrária, tributária, administrativa, bancária e educacional. Ele pretendia estender os direitos trabalhistas aos trabalhadores rurais e se propunha a controlar a fuga de divisas para o exterior através da Lei de Remessa de Lucros que visava principalmente os lucros das empresas estrangeiras. Naturalmente que esses projetos desagradavam aos setores mais conservadores do país como empresários ligados ao capital estrangeiro, fazendeiros, as altas patentes do Exército e a classe média alta.

Eram tempos de muita insatisfação e de muito radicalismo. A oposição representada no congresso pela UDN e pelo PSD pintava Jango como um Vargas piorado e alarmava a classe média através de seus jornais noticiando as agitações populares, as manifestações de trabalhadores, as revoltas dos militares de baixas patentes contra seus superiores como sintomas de que nos aproximávamos de uma anarquia generalizada, de que o projeto de Jango era instaurar o regime comunista no país. Senhoras católicas de classe média alta organizaram em várias capitais do Brasil as chamadas Marcha da Família com Deus pela Liberdade. Nos quartéis, as altas patentes do Exército, que desde a Proclamação da República se viam como salvadoras da pátria quando ela se encontrasse em perigo, concluíram que era este o caso e decidiram-se por um golpe militar que aconteceu no dia 31 de março de 1964.

Seu avô Osny

No dia 9 de abril de 1964, o governo militar baixou o Ato Institucional nº 1, pelo qual eram cassados os direitos políticos de centenas de pessoas, como os ex-presidentes Goulart e Quadros e pelos governadores Miguel Arraes (Pernambuco) e Leonel Brizola (Rio Grande do Sul) e o líder comunista Luís Carlos Prestes. A lista incluía generais, jornalistas, militantes comunistas e magistrados, como seu avô paterno, Osny Duarte Pereira, o 17º nome.

Por que seu avô está nessa lista? Porque ele era o que então se chamava um nacionalista de esquerda. Desembargador e membro do Conselho da República, professor de economia política do Instituto Superior de Estudos Brasileiros, o ISEB — uma instituição muito importante para os estudos políticos, econômicos e sociais que, no final dos anos 1950, reunia a nata da inteligência brasileira —, seu avô era um intelectual e um jurista que tinha profundo conhecimento da nossa realidade. Ele publicou vários livros sobre questões importantes para o Brasil e estava entre os poucos brasileiros que, nos anos 1950, tinham visitado a União Soviética e a China. Ele escrevera livros em que analisava as instituições políticas e sociais daqueles dois países de forma imparcial, vendo nelas aspectos mais positivos que negativos. Isto já bastaria para fazer dele inimigo de um regime que começava com o apoio, senão com o patrocínio direto, dos Estados Unidos. Seu avô Osny era um crítico do sistema capitalista e era um nacionalista convicto que defendia com muita garra que o Brasil tivesse total controle sobre as riquezas de seu subsolo. Isto era coerente com a tradição de seus trabalhos jurídicos, pois ele foi autor do primeiro livro sobre a legislação ambiental que se editou no Brasil: Direito Florestal Brasileiro, *publicado em 1950.*

Depois do golpe de 1964, o Dr. Osny, como o chamávamos, enfrentou inúmeros IPMs (inquérito policial-militar), foi absolvido em todos, mas mesmo assim foi impedido de continuar exercendo suas atividades como desembargador. Depois do fim da Ditadura, em 1985, ele recuperou seus direitos, seu cargo e teve uma ativa atuação como consultor da Frente Parlamentar Nacionalista da Assembléia Constituinte na elaboração da Constituição Cidadã de 1988. Muitas das teses que defendia figuraram no documento original que, infelizmente, vem sendo descaracterizado ao longo dos anos. Era um homem admirável, inteligente, íntegro e dotado de extraordinário senso de humor, cuja ação em defesa dos valores em que sempre acreditou foi o tempo todo discreta e eficiente.

Nós e a América

Depois da Segunda Guerra, a corrente de inspiração que até então nos vinha da Europa foi definitivamente suplantada pela que vinha dos Estados Unidos. O cinema, a música e a cultura dos americanos de um modo geral foram tomando conta do Brasil. A intensificação da presença americana no Cone Sul durante e após a Segunda Guerra, simultaneamente com a penosa recuperação européia, fecharam o ciclo. Mas a geração de intelectuais e artistas brasileiros que surgiu depois da guerra sofria não só a influência dessa avassaladora presença *yankee* quanto das idéias marxistas que, de um modo ou de outro, acabavam circulando nos meios mais bem informados do país. Por outro lado, essa geração era também herdeira do nacionalismo cultural que caracterizava a geração anterior. Assim, os anos 1950 e 1960 foram marcados tanto pelo temor do colonialismo cultural representando pela presença força da cultura norte-americana, quanto pelo interesse sobre o destino dos menos favorecidos, como também por um intenso esforço de decifração da alma brasileira.

A Ditadura Militar

Temos na parede da sala de nossa casa um quadro com a imagem dos presidentes Juscelino e Jango conversando amigavelmente. A foto é do tempo da Presidência de Juscelino, mas foi publicada pelo *Pasquim*.

Aqui cabe um parêntese: *O Pasquim* foi um jornal que marcou a minha geração. Eu era uma jovem estudante de um colégio de freiras em Fortaleza quando surgiu *O Pasquim* em 1969. Era algo tão irreverente, tão novo e, ao mesmo tempo, tão ousado naquele contexto que eu e minhas colegas de escola ficamos completamente encantadas por ele. O *Pasquim* representou uma janela por onde entrava um pouco de luz, ar e alegria no período mais repressivo de nossa História recente. Congregando uma equipe absolutamente plural que reunia jornalistas, escritores, humoristas, caricaturistas e grandes novos da cultura brasileira, *O Pasquim* revolucionaria não só a linguagem da imprensa mas também muitos dos costumes da nossa sociedade.

Sem ser um jornal vinculado a qualquer das tendências em que então se dividia a esquerda brasileira, *O Pasquim* foi um constante e criativo crítico da Ditadura. A inclusão da foto dos dois ex-presidentes cassados pelos militares na página central, tendo como subttítulo: “Pôster mortem” — ambos morreram em 1976 em circunstâncias que alguns consideraram suspeitas — era mais uma dessas ousadias. Mandei fazer o pôster porque a imagem daqueles dois homens relativamente jovens e simpáticos conversando e sorrindo um para o outro em um clima de franca cordialidade era completamente diversa do ambiente político que vivíamos no Brasil daquele momento.

A Ditadura Militar inaugurada em 1964 estabelecera um estado de exceção. Um estado em que a Carta Constitucional é suspensa sob a justificativa de que as instituições legais e previstas ali teriam perdido o controle da situação. Era uma situação ilegal, pois, sendo o regime político brasileiro a democracia, a tomada do poder por uma força que não tinha sido eleita pelo povo era um golpe, e o governo que se estabelecia dessa forma chamava-se ditadura.

Era um fenômeno latino-americano, pois também havia ditaduras nos países vizinhos. Como elas se estabeleceram lá? Tal como aqui, com o apoio do governo norte-americano. A política externa dos Estados Unidos tinha como objetivo garantir a hegemonia dos Estados Unidos sobre o resto do continente, impedindo qualquer tipo de influência da União Soviética sobre a região. Havia uma grande preocupação com o fato de os estudantes e intelectuais de classe média estarem cada vez mais sendo influenciados por idéias marxistas.

Desde a fundação do PCB em 1922, o comunismo vinha se fragmentando. Ao longo dos anos 1960 esse processo se aceleraria e várias organizações de esquerda surgiriam. Dentre elas havia algumas que achavam, por exemplo, que o único caminho para se chegar ao comunismo era uma revolução armada, em que se fizesse pela força a distribuição das riquezas do país de maneira igualitária. Outros, talvez a maior parte, viam a democracia como o melhor caminho e trabalhavam junto aos setores populares menos instruídos no sentido de divulgar suas idéias e organizar sindicatos e cooperativas de operários e camponeses. Outras frentes atuavam junto ao movimento estudantil, junto aos sindicatos de classe média, como o dos bancários e o dos professores.

Essa mobilização, que tinha nas universidades e nos sindicatos suas maiores lideranças, envolvia ainda alguns militares de baixa patente e setores da Igreja Católica, principalmente os padres.

A possibilidade de que essas forças se organizassem e se unissem obtendo uma considerável representação no Parlamento — o que ameaçava acontecer no Brasil e nos demais países latino-americanos — levou a uma ação coordenada do governo americano, através da CIA — Central Intelligence Agency —, no sentido de fomentar e apoiar golpes militares nesses países.

Depois do golpe de 31 de março de 1964, o presidente João Goulart fugiu para o Uruguai. Outros políticos ligados a ele e ao seu governo também tiveram que fazer o mesmo. Os que não o fizeram foram presos e interrogados. Em seguida, foi promulgado o Ato Institucional nº 1 que modificava a Constituição de 1946 em sua essência democrática forjando um aparente estado de legalidade. Com base nesse ato, logo em seguida, o marechal Humberto de Alencar Castello Branco assumiu a Presidência da República. Outros atos institucionais foram promulgados depois deste, todos no sentido de reduzir as liberdades políticas dos brasileiros.

Mas esse primeiro momento da Ditadura Militar, que duraria até Castello Branco passar o poder a seu sucessor, o marechal Costa e Silva, ainda foi leve na repressão se comparado aos outros dois governos que se lhe seguiram. Em dezembro de 1968, foi baixado o Ato Institucional nº 5 pelo qual o Congresso foi fechado e novas medidas repressivas adotadas. Começava a fase mais tenebrosa da ditadura mais cruel que o Brasil conheceu. Muitas pessoas tiveram seus direitos políticos cassados, ou seja, não poderiam se eleger, votar ou exercer qualquer atividade política no Brasil. Outras perderam seus empregos públicos, muitas publicações foram fechadas e a imprensa passou a ser censurada.

A luta da esquerda

Diante do endurecimento do regime, a esquerda também endureceu. Alguns grupos decidiram combater a Ditadura pelas armas. Um desses grupos escolheu atuar na região Norte do Brasil na esperança de atrair para a causa os trabalhadores pobres do Araguaia. A chamada guerrilha do Araguaia foi derrotada facilmente pelas forças da repressão, seus membros foram presos, torturados e alguns foram mortos. Nas cidades, a luta armada tomou a forma dos assaltos a bancos para juntar dinheiro e financiar a própria luta e a sobrevivência de tantos que tiveram que fugir e viver na clandestinidade.

Outra modalidade de ação foi a empreendida para obter a libertação de presos políticos. O seqüestro de embaixadores de países estrangeiros, como o dos Estados Unidos e o da Suíça, fez com que presos políticos conseguissem a liberdade e o direito de viver no exílio. Com isso a violência com que eram tratados os presos nos porões da Ditadura, a intensidade das torturas, muitas delas causadoras de mortes, esterilidade e deformações físicas começaram a ser conhecidas pelo resto do mundo.

A morte ou o desaparecimento de Rubens Paiva, Alexandre Vannuchi, Honestino Guimarães, Vladimir Herzog, Manuel Fiel Filho, David Capistrano, Stuart Angel, Pedro Pomar e tantos outros em circunstâncias de absoluta barbárie começavam a se tornar conhecidas. O regime ia adquirindo a cara dos seus torturadores. Aos poucos, a reação dos organismos internacionais repercutiu no país. Foram surgindo jornais que, mesmo censurados, conseguiam tornar públicas idéias contrárias ao regime. As mães e outros parentes de presos se organizaram em um movimento pela sua libertação. Arcebispos, bispos e padres progressistas rezavam missas concorridas em memória dos mortos. Jornalistas, advogados importantes, como Barbosa Lima Sobrinho, Sobral Pinto, Evandro Lins e Silva, Hélio Bicudo, José Gregori, Luiz Eduardo Greenhalg, Modesto da Silveira, Marcelo Cerqueira e Nilo Batista, tomaram a defesa dos presos exigindo o cumprimento das leis.

"Apesar de você" — a música popular nos anos de chumbo

Um dos compositores mais censurados pela Ditadura foi Chico Buarque de Holanda. Esse belo rapaz, filho de um dos mais importantes intelectuais brasileiros de todos os tempos, Sérgio Buarque de Holanda, revelou-se em um dos primeiros festivais da canção popular que agitaram os anos 1960 e 1970. Até hoje quando penso em um verso sobre carnaval o que logo me ocorre é o de uma de suas primeiras composições: *"carnaval, desengano, deixei a dor em casa me esperando."*

Chico Buarque se ligaria a uma nova geração de artistas e intelectuais que modificariam a música popular brasileira, inspirando suas composições em temas populares caros às esquerdas como o cotidiano da gente humilde, a falta de perspectiva dos trabalhadores, operários e camponeses, a vida nas favelas. Ele comporia as músicas que dariam outra forma de beleza e ampliariam as possibilidades de recepção do poema de João Cabral de Mello Neto: "Morte e vida severina" e dos versos de Cecília Meireles no "Romanceiro da Inconfidência". De tanto ouvir as músicas de *Morte e vida severina* que foi encenada em Fortaleza nos anos 1970, sei muitos de seus versos de cor. Também não me esqueço do realce que a música de Chico deu aos versos de Cecília: "Toda vez que um justo grita, o carrasco vem falar: quem não presta fica vivo, quem é bom mandam matar." Creio que meu primeiro contato com essas duas obras fundamentais de nossa lírica se deveu às composições do Chico.

Entre tantos de seus sucessos, o que mais marcou com uma nota de protesto contra a Ditadura foi "Apesar de você". Lançado em 1970, o disco com essa canção vendeu 100 mil cópias e foi a forma provocativa e sutil com que os brasileiros reprimidos pela Ditadura lavaram a alma.

Mas a canção que convocava o povo para a luta foi produzida por um outro compositor: Geraldo Vandré. Esse paraibano que começara a se interessar pelos temas sociais quando cursando a Faculdade de Direito, do Rio de Janeiro, participou do CPC, o Centro Popular de Cultura, ligado à União Nacional dos Estudantes. O CPC foi um núcleo importante de atuação de artistas, estudantes e intelectuais que pretendia conscientizar as classes trabalhadoras rurais e urbanas, através de elementos estéticos retirados da cultura popular. Seus fundadores foram o teatrólogo Oduvaldo Vianna Filho, o cineasta Leon Hirszman e o sociólogo Carlos Estevam Martins que se inspiravam no trabalho que o educador Paulo Freire desenvolvera em Pernambuco. Dentre suas contribuições, o CPC promoveu a divulgação e o reconhecimento da obra de compositores populares como Nelson Cavaquinho, Zé Kéti, Cartola e João do Vale que se apresentavam em seus espetáculos.

A estética da obra de Vandré foi totalmente inspirada na filosofia que orientava o CPC e, a partir dessa influência, ele participou e foi vitorioso em muitos festivais. Em 1966, no II Festival de música popular brasileira promovido pela TV Record, sua música "Disparada", ficou em primeiro lugar, empatando com "A banda" de Chico Buarque. "Disparada" era uma canção forte, rústica, um canto de vaqueiro que falava da valentia da gente do sertão: "a sorte e o destino, tudo estava fora de lugar, eu vivo pra consertar". Mas, foi com "Pra não dizer que não falei de flores", lançada em 1968, que Vandré garantiu um lugar definitivo na memória dos movimentos sociais brasileiros, pois a canção tornou-se uma espécie de hino do movimento estudantil, obrigatoriamente cantada nas grandes manifestações do período.

No plano da renovação estética da música popular brasileira a maior contribuição se deveu aos baianos Caetano Veloso e Gilberto Gil. Na minha geração e entre as pessoas que de alguma forma tinham suas raízes irremediavelmente fincadas na brasilidade, as músicas de Caetano e Gil compõem a maior parte do repertório musical de nossa memória afetiva. Os dois primeiros discos que comprei na vida foram: "Alegria, Alegria", de Caetano, lançado em 1967 e "Louvação", de Gil, lançado em 1968. À beleza e ineditismo daquela musicalidade inequivocamente brasileira se associavam os mais belos versos. Essa novidade se traduziu em um movimento, o Tropicalismo, que também nos apresentou a um elenco de compositores e artistas que até hoje produz arte de qualidade. Ao lado de suas próprias composições, os baianos nos chamaram a atenção para a beleza singela de canções populares como "Carinhoso", de Pixinguinha, Maria Bethânia, de Capiba e Índia, uma guarânia, ritmo tido como cafona e que na voz de Gal Costa assumia uma beleza deslumbrante. Até mesmo o exageradamente dramático "Coração Materno", de Vicente Celestino, revela belezas escondidas na voz melodiosa do genial Caetano Veloso. Em cuja voz ouvi pela primeira vez o tango de Discepolo: "Cambalache".

Outra revelação do tempo foram as canções e a maravilhosa voz de Milton Nascimento. Algo de triste e distante havia naquelas melodias que ecoavam das Minas Gerais, "um sabor de vidro e corte", como diz um de seus versos. São tantas as melodias que nos marcaram, mas delas me recordo especialmente de uma, aquela que desde então sempre me ocorre nas despedidas dos amigos queridos: *sei que nada será como antes, amanhã ou depois de amanhã, resistindo na boca da noite um gosto de sol.*

Tudo isso eu ouvi no Ceará, onde também surgiu um movimento musical liderado por cantores e compositores como Fagner, Ednardo e Belchior. Ali também se fez boa música naqueles anos 1960. As mais emblemáticas delas foram "Mucuripe", de Belchior, "Dorothy Lamour", de Ednardo e "Canteiros", de Fagner inspirado em poesia de Cecília Meireles. Letristas e músicos como Fausto Nilo, Brandão, Petrúcio Maia, Stelio Valle, Roger Rogério e Teti e os irmãos Caio e Graco formam uma galeria de artistas excepcionais que marcaram um momento único e inesquecível na vida de todos nós que éramos jovens na Fortaleza dos anos 1970.

Jupira e o Brasil da Ditadura Militar

O povo, o povão estava por fora do que se passava. Havia uma grande inconsciência e essa só mostrava a distância entre os sonhos revolucionários da classe média de esquerda e o povo que pretendia liderar. Um exemplo é a observação da Jupira, nossa empregada, que, apesar de ter a mesma idade que eu, tendo assistido ao episódio sobre a morte de Stuart Angel no programa Linha Direta *da TV Globo, me disse completamente chocada: "Eu não vivia aqui naquele tempo não. Mas que coisa horrível que foi essa tal de Ditadura!" Detalhe: ela nasceu e viveu a vida toda no Rio de Janeiro, onde ocorreram alguns dos principais fatos relacionados à luta armada.*

Sua vida e a de sua família são um repositório de temas que inspiraram a música popular brasileira: uma tia que foi uma beldade nos anos 1950, sucesso na gafieira Estudantina, no centro do Rio, ateou fogo às vestes por causa de um namorado; um tio, ex-policial, considerado bom matador, tem tatuado nas costas uma imagem de São Jorge; um primo ficou muitos anos preso por conta de um assalto; outro tornou-se depressivo depois de trabalhar como carcereiro em presídios do Rio; uma prima foi friamente assassinada por um famoso traficante com quem namorava; um parente esperto ajudou a fazer surgir uma favela debaixo de um viaduto demarcando e vendendo os espaços onde seriam erguidos os barracos com um barbante. Uma parte da família se conserva nas tradições religiosas africanas, outra aderiu às igrejas evangélicas. Tem notícia de parentes do interior que descendem de escravos e ainda vivem no lugar onde aqueles trabalharam. Ela mesma é personagem de uma dessas histórias tristes de crianças criadas por parentes que a maltrataram e exploraram desde a infância. Sem estudos e completamente influenciada por tudo que dizem os meios de comunicação, onde o rádio ainda tem grande importância, desenvolveu uma mentalidade onde a tônica é o preconceito social e racial.

Dentro do universo da Jupira não cabia realmente o drama de alguns jovens de classe média que lutavam para corrigir as mesmas injustiças de que estavam cheias a sua biografia e a de seus parentes. O que ela queria dizer e disse é que aquelas coisas aconteceram em algum tempo e lugar que não fizeram parte de sua história. E, de fato, também por causa da censura, muita gente no Brasil não tomava conhecimento do que acontecia durante o regime militar. Essas pessoas não viveram no mesmo país dos presos políticos torturados e assassinados nas prisões; não sofreram das mesmas angústias que os atormentaram e a seus familiares e amigos; nunca se questionaram sobre a origem das enormes desigualdades sociais; sobre a violência do trabalho escravo nas fazendas do Amazonas; sobre a prostituição das meninas pobres; sobre a permanência do latifúndio no Nordeste, etc. Essas coisas de que se ocupavam as pessoas que viviam naquele outro Brasil.

Diretas, já!

Aos poucos, um movimento pela anistia geral dos presos tomou as praças de todo o país e demonstrou a insatisfação da sociedade com o regime. Em 1979, o Congresso, onde só tinham autorização para funcionar dois partidos, ARENA e MDB, mesmo cerceado, votou pela anistia ampla, geral e irrestrita, e políticos importantes que se encontravam fora do país puderam voltar. O Brasil provava ser maior do que a Ditadura. Finalmente, em 1982, houve eleições diretas para governador e um político símbolo do governo João Goulart, Leonel Brizola, foi eleito para governar o Rio de Janeiro. Seu vice era o educador Darcy Ribeiro.

Teve então início a campanha das Diretas. Ao som do *slogan* "Diretas, já", as praças brasileiras se encheram de gente que exigia eleições diretas para os cargos de presidente e governador dos Estados e com isso, pedia o fim da Ditadura. Não se tratava de um movimento exclusivamente da esquerda. Mesmo setores que inicialmente tinham apoiado o golpe se uniram aos militantes de movimentos marxistas para cobrar o fim do estado de exceção. Foi uma onda de patriotismo que tomou conta do país e calou os militares. A Ditadura se tornara impopular e o Hino Nacional voltou a ser cantado por todos em praça pública, agora em oposição aos militares que tinham se apropriado dos símbolos nacionais. Apesar disso, a vitória do movimento pelas Diretas foi parcial. Tal como acontecera no da anistia, em que os torturadores e os assassinos que se aproveitaram do regime de exceção para matar pessoas nos porões da Ditadura foram anistiados junto com suas vítimas, as eleições não foram diretas.

Mesmo assim, marcaram o fim do odioso regime e o povo saudou com entusiasmo o presidente eleito de forma indireta pelo Congresso. Mas Tancredo Neves — um homem de idade que estivera ao lado de Getúlio na sua última e dramática reunião ministerial — não chegou a tomar posse. Vítima de complicações decorrentes de uma cirurgia, ele morreu poucos dias depois da eleição. Em seu lugar assumiu, como previa a Constituição, o vice José Sarney. Começava a redemocratização do Brasil.

Meu amigo, Cláudio Pereira, preso e torturado

O aspecto mais odioso da Ditadura Militar são os relatos dos inúmeros casos de tortura praticados contra os presos políticos. Costuma-se dizer que só então a classe média acordou para o que se fazia contra os presos comuns nas prisões brasileiras. Talvez. De fato, o povo, numa sociedade tão desigual e cheia de privilégios como a nossa, sempre foi maltratado pela polícia e só em alguns casos que, por acaso, vieram a público, as outras classes da sociedade tomavam conhecimento das barbaridades que todos os dias se perpetram contra os pobres nos cárceres das delegacias. No entanto, na Ditadura, os que estavam sendo maltratados eram justamente aqueles que se importavam com esse tipo de injustiça.

É sabido que, para o caso específico da obtenção de confissões de supostos envolvidos com organizações de esquerda, militares e detetives latino-americanos foram treinados pelo serviço de inteligência dos Estados Unidos. Para corroborar a existência dessa terrível escola ainda estão vivos alguns dos presos que serviram de cobaia aos treinamentos. Vendo hoje o que o governo norte-americano faz no Iraque e em Guantánamo isto não deve nos surpreender.

Um grande e querido amigo meu e de minha família foi preso e torturado em 1971. Cláudio Pereira era ligado ao PC do B mas não chegava a ser um ativo militante de esquerda. Boêmio, moleque e irreverente, Pereira era tido mais como um elemento daquela que a esquerda mais sisuda chamava de esquerda festiva. Funcionário do Banco do Nordeste do Brasil, em Fortaleza, uma tarde, Pereira foi chamado à sala de seu chefe, onde já estavam dois agentes da Polícia Federal. Ele foi levado dali para a sede da Polícia Federal, onde foi encapuzado, algemado e jogado no banco de trás de um camburão. Seguiram para um casa em um lugar distante onde ele sofreu diversos tipos de tortura. As primeiras foram espancamentos e humilhações. Durante os nove dias em que duraram essas sessões ele tinha os olhos vendados com uma espécie de resina ou cola plástica de modo a não poder identificar depois seus agressores. Tomou choques nos testículos tão violentos que acabavam por derrubá-lo. Para aparar-

lhe a cabeça havia atrás do lugar em que ele estava uma barra de ferro, e a pancada na nuca completava o seu martírio. Mas ele está convencido, pelos grupos que ouvia em outros lugares daquela casa que sofreu menos do que outros que ali estavam.

Queriam que ele confessasse um assalto a um banco em Maranguape do qual ele nada sabia, até porque suas ações foram sempre ligadas à cultura. Ele fora confundido com outro Cláudio cuja descrição se parecia com a dele e que era de fato um ativista da luta armada. Sua família angustiada, durante todos aqueles dias não conseguiu descobrir onde ele estava. Recorreu aos militares e políticos de Fortaleza que conheciam tentando localizá-lo. Não sei se o Pereira foi solto por causa da influência de sua família ou por que os torturadores concluíram que ele não sabia mesmo de nada. O fato é que essa foi uma experiência terrível que marcou sua vida e da qual ele nunca mais se esqueceu.

Capítulo 5

O nosso tempo

Sarney e Collor

O político que assumiu a Presidência no lugar de Tancredo era um homem culto, mas que emergira na cena política nacional como membro do partido que apoiava o regime militar, a ARENA. Mesmo assim, o processo democrático seguiu seu curso e, em seu governo, aconteceu a Assembléia Constituinte que escreveu a Carta Constitucional que hoje rege o Brasil.

O governo Sarney fez um real esforço no sentido de resolver a situação econômica do país, que enfrentava a mais elevada inflação de nossa história. A mudança da moeda brasileira, de Cruzeiro para Cruzado, no entanto, não conseguiu sanar a escalada inflacionária. O novo governo não tinha força para impor medidas econômicas fortes, pois não só fora eleito pelo voto indireto como o presidente que assumira não fora o escolhido. Havia também um permanente medo por parte das esquerdas de uma volta ao regime militar. Não havia ambiente para atitudes muito vigorosas por parte do presidente. Pois de atitudes vigorosas estávamos cheios.

Não o suficiente a ponto de não elegermos como sucessor de Sarney um político populista, espécie de neo-Jânio, que subiu ao poder no bojo de uma série de *slogans* moralistas. Fernando

Collor de Mello, eleito na primeira votação direta para a Presidência da República desde 1961, era um jovem herdeiro político que descendia de duas famílias tradicionais na política brasileira. Sua mãe era filha de Lindolfo Collor, o político que organizara a legislação trabalhista no começo do governo Vargas, e seu pai era Arnon de Mello, deputado alagoano.

Collor se elegeu prometendo acabar com os marajás do serviço público. Aqueles funcionários e aposentados que recebiam salários e aposentadorias de valor elevadíssimo, muito superior ao que ganhavam o presidente da República, os ministros do Supremo, deputados e senadores. Ele também tinha uma idéia radical de como fazer para acumular divisas: confiscando a poupança de todos os brasileiros. E tomou essa medida logo depois da posse. Sua ministra da Fazenda, a economista Zélia Cardoso de Mello, decretou que cada pessoa só teria direito a ter em sua conta corrente, cinqüenta cruzados. Não vou fazer aqui a conversão da moeda, mas lembro bem de como essa medida atingiu as pessoas e prejudicou muita gente. Por exemplo, pessoas que tinham vendido sua casa poucos dias antes do decreto para comprar outra. Ficaram sem poder fazê-lo.

Mas o que marcou mesmo o governo Collor foi a grande corrupção dos seus auxiliares. O mais importante deles, Paulo César Farias, o PC Farias, comandava um esquema milionário de recebimento de propina por obra superfaturada. Os escândalos envolvendo PC e a chamada República de Alagoas, o grupo de políticos que cercava Collor e que tinha origem naquele Estado, acabaram por gerar um clima de grande insatisfação popular. Uma campanha tomou as ruas do país pedindo o seu *impeachment*: anglicismo que se tornou popular no resto do mundo desde que o Congresso norte-americano votou pelo afastamento de Richard Nixon da Presidência dos Estados Unidos, em 1974. O que marcou esse movimento foi a presença dos jovens secundaristas — chamados "caras-pintadas", pois se apresentavam com as cores do Brasil pintadas no rosto nas manifestações de rua —, que então agitaram as cidades brasileiras. Collor foi levado a renunciar e teve seus direitos políticos cassados por oito anos pelo STF.

Itamar e FHC

Seu vice era o mineiro Itamar Franco. Nacionalista da velha escola, Itamar marcou seu governo, entre outras coisas, por algumas atitudes inusitadas. Uma delas foi a determinação, em 1993, de que a Volkswagen do Brasil voltasse a fabricar o velho e popular Fusca. Projeto que não sobreviveu ao seu mandato. Mesmo assim, este foi marcado pelo restabelecimento da ordem institucional e pelo lançamento do Plano Real, que, associado a outras medidas, valorizou a moeda e extinguiu a espiral inflacionária que inviabilizava o crescimento da economia brasileira. A reforma econômica foi conduzida pelo então ministro da Fazenda, o sociólogo Fernando Henrique Cardoso que, com esta bandeira, foi eleito para a Presidência na sucessão de Itamar.

No entanto, a receita econômica de FHC — como gostam de chamá-lo os jornalistas — custou um preço bem elevado para a população brasileira. Obedecendo às pressões do FMI, a equipe econômica de FHC procedeu a um intenso processo de privatização das estatais brasileiras. Foram vendidas a CSN, a Vale do Rio Doce, a Light, as empresas de telefonia, entre outros patrimônios nacionais. A abertura total da economia ao capital estrangeiro — principamente o capital especulativo e financeiro —, aliada à mais elevada taxa de juros do planeta provocou a destruição do parque industrial brasileiro e, com ela, o fechamento das fábricas e a elevação do índice de desemprego. O custo do pagamento da dívida externa, para onde era carreada a maior parte dos elevados tributos pagos pelos brasileiros, fez com que o governo não fizesse investimentos no plano social: saúde, educação e previdência.

Parecia uma ironia da História que o governo do homem mais culto que já governou o Brasil, o presidente mais bem informado sobre a nossa realidade tenha mergulhado o país na maior dívida externa e interna de toda a sua História. Tenha liquidado com as grandes estatais construídas com o dinheiro público, tenha contribuído para o empobrecimento da classe média e para jogar milhões de brasileiros pobres no desemprego e na miséria. E isto, por mais de uma geração pois, ao longo de toda a década de 1990, o exército dos desempregados foi aumentando todos os anos pela multidão de jovens que não encontravam lugar no mercado de trabalho. Muitos deles sendo arregimentados pelo tráfico, o único ramo da produção e do comércio que não parou de crescer.

A tudo isso some-se uma contingência econômica internacional desfavorável e temos os oito anos do governo FHC como um período que não deixou saudades e tornou finalmente fácil a eleição do operário tantas vezes candidato à Presidência, Luiz Inácio Lula da Silva.

Lula: um novo tempo, apesar do perigo

Um novo tempo parecia estar começando para todos nós brasileiros com o governo Lula que teve início em 2002. Eu acompanho a trajetória desse trabalhador desde 1980, quando foi fundado o Partido dos Trabalhadores. Lula surgiu e cresceu na cena política brasileira como um líder de operários paulistas da indústria automobilística. Ele sempre representou para nós a confiança que temos neste mesmo povo e na sua imensa capacidade de redenção.

Apesar de que uns temiam e outros desejavam, o primeiro governo Lula não rompeu com a política econômica de seu antecessor. Ao contrário, o ministro Antonio Pallocci foi bastante ortodoxo na aplicação do receituário do Fundo Monetário Internacional, o temível FMI, ao qual já nos vínhamos endividando há várias gerações. Talvez por falta de opção, pois seria impossível para um país das dimensões do Brasil dar uma guinada tão súbita nas receitas que vinha seguindo. Mas esse fato, aliado à enorme expectativa que a classe média, principalmente, mas também os trabalhadores rurais tinham criado a partir da eleição de Lula, resultou numa seqüência de greves de funcionários públicos e invasões de terras por parte do MST, movimento dos sem-terra. O programa Fome Zero, que foi a grande vedete da propaganda de sua campanha, não decolou.

Naturalmente que muito do insucesso dos primeiros meses de governo de Lula se deveu à evidente má vontade com que o operário que virou presidente foi recebido por parte da imprensa e das elites. Lula é alvo de críticas justamente naquelas coisas que antes eram admiradas por autênticas. Homem do povo, Lula gosta de beber, toma cachaça, a aguardente brasileira, logo a imprensa investe na sua identificação com o bêbado comum das ruas. Emotivo, espontâneo, sem máscaras, as qualidades que serviram a Lula para construir sua imagem popular, hoje, associadas às dificuldades que seu governo enfrenta são fontes de desestabilização. Seus improvisos, suas metáforas populares usando imagens do futebol para analisar problemas de governo, a naturalidade com que faz bravatas de valentão ao falar de outros governantes, tudo é identificado negativamente com a sua falta de cultura e de civilidade.

Nosso país, nosso tempo e nosso papel

Eleito sem que os partidos que formavam a base do governo correspondessem à maioria na Câmara e no Senado, Lula procurou atrair para o PMDB, mais antigo partido em ação na cena política brasileira desde o final da Ditadura (1985). Surgido originalmente com o signo de partido ético, democrático, primeira frente de oposição organizada contra a Ditadura Militar, o PMDB cresceu de forma exagerada e fisiológica. É hoje um saco de gatos que reúne desde velhos democratas de antes do golpe até políticos populistas da Igreja Universal, passando por um elenco de notórios corruptos. A mudança de partido é muito fácil no Brasil e um deputado insatisfeito com sua legenda pode, sem prejuízo nenhum do mandato, migrar para outra.

Os escândalos de corrupção que marcaram o primeiro governo Lula não corroeram sua popularidade. Ele chegou ao novo mandato e se mantém em alta nas pesquisas de opinião. O grande perdedor foi o partido, que era a esperança dos que acreditavam que era possível fazer política de forma ética. O Partido dos Trabalhadores foi, ao longo desses últimos anos, perdendo o brilho de sua estrela que, junto com a imagem de Lula, tanto emocionaram as gerações que o haviam escolhido. Aos poucos o PT vai se transformando também em um grande guarda-chuva capaz de abrigar pessoas de passado não muito limpo. Alguns de seus líderes, os que continuam empolgados com o poder dentro do partido, aliam métodos stalinistas de dominação com as práticas fisiológicas dos velhos e desacreditados partidos. Entre seus aliados, na base que apóia o presidente, cabe até mesmo Paulo Maluf, o ex-prefeito de São Paulo envolvido em tantos crimes de corrupção.

No entanto, com todos os seus problemas, este está sendo um momento de excepcional melhora na qualidade de vida do povo pobre do país. O salário mínimo ultrapassou os cem dólares e abriram-se concursos honestos para preencher as vagas que tanto faziam falta no serviço público. O programa bolsa-família implementado no governo de FHC, mas ampliado de forma a atender um elevado número de brasileiros não é a solução para o desemprego, no entanto, diminui a pobreza e espalha um pouco de seiva na pequena economia dos lugares que têm suas populações atendidas por ele.

Como disse no começo deste livro, somos sujeitos e agentes da História. Nós que fazemos parte da chamada classe média temos um papel neste momento histórico que estamos vivendo. Certamente não é aquele destino romântico que a minha geração imaginou que teria como vanguarda iluminada capaz de acordar o povo para tomar consciência das injustiças de que é vítima. Nosso papel é trabalhar sempre pelo Brasil, mantendo uma consciência de que este é o nosso país e que nosso destino está definitivamente associado a ele e ao de seu povo. Por isso temos o dever de apostar nas boas coisas que podem melhorar a qualidade de vida dos brasileiros e garantir um futuro melhor para as próximas gerações. Sabendo sempre que a liderança deste Brasil do futuro não será necessariamente ocupada por uma elite econômica mas por brasileiros de qualquer origem beneficiados pelo acesso a um ensino democrático de qualidade.

Conclusão

> *Quem foi que inventou o Brasil? Foi seu Cabral, foi seu Cabral./ No dia 21 de abril/ Dois meses depois do carnaval./ Depois Ceci beijou Peri/ Peri beijou Ceci/ ao som do Guarani./ Do Guarani ao guaraná surgiu a feijoada e mais tarde o Parati.*

É com esses versos de uma marchinha famosa que animou muitos carnavais brasileiros que encerro este livrinho.

Creio que eles, os versinhos de Lamartine Babo, sintetizam muito do espírito brasileiro, ao mesmo tempo em que resumem um tanto de nossa História.

Pois quem foi mesmo que inventou este nosso Brasil, senão o português que chegando aqui encontrou os índios, impondo a eles sua cultura? Na seqüência, no entanto, tal como na versão idealizada do romance *O Guarani*, de José de Alencar, Peri, o índio, e Ceci, a branca, não pararam mais de se beijar e lançar no mundo brasileirinhos. Brasileirinhos esses talentosos como o mestiço Carlos Gomes que compôs uma ópera também chamada *O Guarani* e que fez muito sucesso em Milão, quando estreou em 1877. É verdade que os índios que a encenaram eram italianos vestidos com fantasias que pouco tinham a ver com as roupas — ou a ausência de roupas — de nossos índios, mas esse tipo de confusão que o estrangeiro faz com as nossas coisas também faz parte de nossa História. E o brasileiro com o seu notório bom humor sempre fez disto piada.

Na marchinha de Lamartine, o guarani emenda com o guaraná, planta nativa que os índios usavam como estimulante e que as indústrias multinacionais de refrigerantes adaptaram numa receita que vem fazendo sucesso há muitos anos. Mas feijoada e Parati são outros quinhentos. Misturam um outro elemento que ainda não tinham entrado na História: o escravo. Conta uma lenda que se firmou como verdadeira — negada por alguns historiadores mais sisudos — que para a panela da senzala só iam as sobras das carnes boas que ficavam na mesa dos brancos. Misturando com feijão, temperando com folha de louro e acompanhando com a farinha de mandioca e por doces laranjas para quebrar o sal os escravos criaram esse prato fundamental de nossa culinária. Comida pesada que, para ajudar a difícil digestão, pede uma boa cachacinha, a versão brasileira da aguardente portuguesa. E uma das primeiras que se produziram no Brasil foi a Parati, fabricada naquela linda cidade do Estado do Rio. Animada pela marchinha de Lamartine a coisa termina, como tudo o mais nesta boa terra, inclusive nossa História, em carnaval.

Bibliografia

ARAÚJO, Maria Paula Nascimento. *A utopia fragmentada: as novas esquerdas no Brasil e no mundo na década de 1970*. Rio de Janeiro: FGV, 1998.

ARAÚJO, Ricardo Benzaquen de. *Totalitarismo e revolução: o integralismo de Plínio Salgado*. Rio de Janeiro: Jorge Zahar, 1988.

BASTIDE, Roger. *As religiões africanas no Brasil*. São Paulo: Pioneira, 1960.

BROCA, José Brito. *A vida literária no Brasil*. Rio de Janeiro: José Olympio, 1960.

CANDIDO, Antonio. *Formação da literatura brasileira (momentos decisivos)* 2 vol., 2. ed., rev. São Paulo: Martins, 1962.

CARVALHO, José Murilo de. *Os bestializados*. São Paulo: Companhia das Letras, 1987.

CONNIFF, Michael L. *Urban Politics in Brazil: The Rise of Populism, 1925-1945*. Pittsburgh: University of Pittsburgh Press, 1981

COSTA, Emília Viotti da. *Da monarquia à república: momentos decisivos*. 5. ed. São Paulo: Brasiliense, 1987.

CUNHA, Euclides da. *Os sertões: campanha de Canudos.* Introdução de Nelson Werneck Sodré, 27. ed., Brasília: Universidade de Brasília, 1963.

DAMATTA, Roberto. *Carnavais, malandros e heróis: para uma sociologia do dilema brasileiro.* Rio de Janeiro: Zahar, 1979.

EDMUNDO, Luiz. O *Rio de Janeiro do meu tempo.* Rio de Janeiro: Imprensa Nacional, 1938.

FACÓ, Rui. *Cangaceiros e fanáticos.* São Paulo: Editora Civilização Brasileira, 1972.

FRANCO, Afonso Arinos de Melo. *O índio brasileiro e a Revolução Francesa.* Rio de Janeiro: José Olympio, 1973.

FREYRE, Gilberto. *Casa-grande e senzala,* Rio de Janeiro: José Olympio, 1988.

HOLANDA, Sérgio Buarque de. *Raízes do Brasil,* Rio de Janeiro: José Olympio, 1975.

LIMA, Herman. *História da caricatura no Brasil.* Rio de Janeiro: José Olympio, 1963, 4. vol.

MAXWELL, Kenneth. *A devassa da devassa: a Inconfidência Mineira: Brasil-Portugal — 1750-1808.* São Paulo: Paz e Terra, 1985.

MONTEIRO, Tobias. *História do Império — O Primeiro Reinado.* Rio de Janeiro: F. Briguiet & Cia., editores, 1939.

MORAES, Eduardo Jardim de. *A brasilidade modernista: sua dimensão filosófica.* Rio de Janeiro: Graal, 1978.

NEEDELL, Jeffrey D. *Belle Époque tropical: sociedade e cultura de elite no Rio de Janeiro.* São Paulo: Companhia das Letras, 1993.

PRADO JÚNIOR, Caio. *Evolução política do Brasil — Ensaio de interpretação dialética da história brasileira* — 2. ed. São Paulo: Brasiliense, 1947.

QUEIROZ, Maria Isaura Pereira de. *O messianismo no Brasil e no mundo,* 2. ed. São Paulo: Alfa-Omega, 1976.

SANTOS, Wanderley Guilherme dos. "Paradigma e História: a ordem burguesa na imaginação social brasileira". in do mesmo autor: *Roteiro bibliográfico do pensamento político-social brasileiro (1870-1965)*. UFMG — Casa de Oswaldo Cruz, 2002.

SCHWARCZ, Lília Moritz. *As barbas do imperador*. São Paulo: Cia das Letras, 1999.

SCHWARTZMAN, Simon et alii. *Tempos de Capanema*. Rio de Janeiro: Paz e Terra/Edusp, 1984.

SILVA, Maria Beatriz Nizza da. *Cultura e sociedade no Rio de Janeiro: 1808-1821*. Prefácio de Sérgio Buarque de Holanda. 2 ed. Brasiliana, vol. 363, São Paulo: Nacional, 1978.

SKIDMORE, Thomas E. *Preto no branco: raça e nacionalidade no pensamento brasileiro*. Rio de Janeiro: Paz e Terra, 1976.

SOUSA, Octávio Tarquínio de. *História dos fundadores do Império do Brasil*. Rio de Janeiro: José Olympio, 1958

VARNHAGEN, Francisco Adolfo de, Visconde de Porto Seguro. *História da Independência do Brasil, até o reconhecimento pela antiga metrópole, compreendendo, separadamente, a dos sucessos ocorridos em algumas províncias até essa data*. 6. ed., anotada pelo Barão do Rio Branco, por uma comissão do IHGB e pelo prof. Hélio

Viana. Col. Biblio. Sesquicentenário nº 6, Brasília: Ministério da Educação e Cultura, INL, 1972.

VIANNA, Hélio. *Contribuição à história da imprensa brasileira (1812-1869)*. Rio de Janeiro: Ministério da Educação e Saúde/Instituto Nacional do Livro, 1945.

VIANNA, Luiz Werneck. *Liberalismo e sindicato no Brasil*. Rio de Janeiro: Paz e terra, 1976.

1ª edição AGOSTO DE 2007
impressão EDIOURO GRÁFICA
papel de miolo PÓLEN SOFT 80G
tipologia SCALA